Beyer   Gedächtnis- und Konzentrationstraining

Günther Beyer

Gedächtnis- und Konzentrationstraining

Ein Lehrbuch
zum Selbststudium
und für
fortschrittliche Schulen

Econ Verlag
Düsseldorf · Wien

1. Auflage 1974
Copyright © 1974 by Econ Verlag GmbH, Düsseldorf und Wien
Gesetzt aus der 10/12 Punkt Folio der Intertype Berlin
Gesamtherstellung Mohndruck Reinhard Mohn OHG, Gütersloh
ISBN 3 430 11235 4

Vorwort

Für einen Psychologen gibt es eine Reihe von Gründen, das Erscheinen eines solchen Buches zu begrüßen. Die praktische Psychologie hat überall da, wo sie über die reine Diagnose hinausgeht und die Veränderung des Menschen anstrebt, zwei wesentliche Anliegen: die Möglichkeiten des Menschen zu erweitern und den Grad seiner Selbststeuerung zu erhöhen.

Soweit wir heute wissen, verfügt der Mensch über weit mehr Fähigkeiten und Erlebnismöglichkeiten, als er zu nutzen versteht. Unser Gehirn hat in einem Umfang Reserven, daß wir einem Mann gleichen, der einen Computer besitzt und ihn nur für die vier Grundrechnungsarten verwendet, weil er die Fülle der Möglichkeiten dieses Gerätes nicht erfaßt oder ihm die Kenntnisse fehlen, sie tatsächlich nutzbar zu machen. Die Nutzbarmachung dieser Reserven ist Hauptgegenstand der heutigen Bildungsforschung. Vorschuldidaktik, Intelligenzförderung, Kreativitätsforschung, Sozialisationsforschung und vieles andere mehr sind Bemühungen in diese Richtung. Sie alle suchen und erproben Methoden, diese Reserven für den einzelnen zumindest teilweise verfügbar zu machen.

Das zweite Anliegen erscheint mir noch wichtiger zu sein. Wir müssen lernen, der Autor unseres Verhaltens zu sein, uns nicht mehr darin zu erschöpfen, auf unsere eigenen Bedürfnisse und Einwirkungen von außen nur zu reagieren, uns steuern zu lassen, sondern uns in die Lage zu versetzen, unser Verhalten und damit unser Leben selbst zu steuern, um so einen größeren Freiheitsraum zu gewinnen.

Der Weg zu beiden Zielen ist sicher lang und die Ausgangspunkte sehr unterschiedlich. Dieses Buch führt nur die ersten Schritte, doch die ersten Schritte sind immer die wichtigsten. Wer sie mitgeht, wird sich hinterher reicher und freier wiederfinden. Er wird mehr über sich wissen und mehr über sich verfügen und, so hoffe ich, nicht stehenbleiben, sondern weitergehen.

Dabei macht es der Autor dem Leser sehr leicht. Er ist überall verständlich und klar, verwendet einleuchtende Bilder und Beispiele und läßt den Leser ständig den Erfolg seines Bemühens erleben. So fesselt er das Interesse und macht das Durcharbeiten dieses Buches zu einem Vergnügen.

Dipl.-Psychologe Ernst Stobberg

1. Kapitel: Einführungs-Test

Allgemeines: Mark Twain sagte einmal: »Jeder ärgert sich über das Wetter – aber niemand tut etwas dagegen.«

Ähnlich wie mit dem Wetter ergeht es uns, wenn uns unser Gedächtnis im Stich läßt. Aber was, meine verehrten Leser, tun Sie dagegen, was haben Sie bis jetzt unternommen, um Ihr Gedächtnis und Ihre Konzentration zu verbessern?

In zahlreichen Zeitungsartikeln konnte man lesen, daß ich in der Lage sei, bis zu 60 Zahlen und Begriffen zu behalten, wenn ich sie nur einmal höre, und ohne zu übertreiben kann ich das aus eigenem Munde bestätigen. Oft sind mir schon große Summen für mein Erinnerungsvermögen geboten worden. Bitte glauben Sie nicht, daß ich ein solches Angebot immer und unbedingt ausschlage, aber tatsächlich reicht der Kaufpreis dieses Buches aus, um zu einem guten und sogar sehr guten Gedächtnis zu kommen.

Der Kaufpreis dieses Buches allein genügt natürlich nicht ganz. Ein gewisses Maß an Zeit und gedanklicher Arbeit ist unbedingt die Voraussetzung, um eine gute Konzentration und ein außergewöhnliches Gedächtnis zu erhalten. Das soll nicht heißen, daß Sie jetzt Tag für Tag Ihre ganze Freizeit opfern müssen. *Im Gegenteil*, einige wenige und auch amüsante Minuten am Tag genügen, um das Ziel dieses Buches zu erreichen, nämlich *ein fünffaches Gedächtnis* und eine *Verdoppelung der Konzentration.*

Ich werde Sie im Verlaufe dieses Buches nicht mit wis-

senschaftlichem Material vollstopfen, sondern gebe
Ihnen nur immer dann einige theoretische Details, wenn
es für das Verständnis der einzelnen Übungen unver-
meidbar ist. Wenn Sie dieses Buch kurz durchblättern –
und das sollten Sie einmal tun –, so werden Sie finden,
daß Sie mit 12 Lektionen (Kapiteln) konfrontiert werden. Diese Kapitel sind aufbauend. Es nützt Ihnen also
nichts, wenn Sie vorgreifen. Insgesamt werden Sie 100
Übungen für die Konzentration und 100 Übungen für Ihr
Gedächtnis vorfinden, wobei den Übungen für das Gedächtnis eine bestimmte Zeit vorgeschrieben ist. Weitere Erklärungen zu diesen Übungen werden in späteren Kapiteln noch folgen.
Diesem Buch liegt eine Erfahrung an 10 Volksschulen
und 5 Instituten mit bislang 10 000 Schülern zugrunde.
Sie beschäftigen sich also *nicht* mit einer Sache, die nur
in der Theorie existiert, sondern mit einer Methode, die
seit *Jahren* in der Praxis ihre wohlbegründete Berechtigung hat.
Wie Sie wissen, wird seit langem von Psychologen und
Pädagogen bestätigt, daß der Mensch sein Gedächtnis
und seine Konzentration nur zu einem geringen Bruch-
teil ausnutzt. Das vorliegende Buch soll Ihnen helfen,
diesem Mißstand ein für allemal abzuhelfen. Damit
dürften Sie dann für alle Zeit über ein hervorragendes
Gedächtnis und eine ausgezeichnete Konzentration verfügen.

Beobachtungsgabe: Ist das obere Licht einer Verkehrs-
ampel rot oder grün oder blau? Eine banale Frage. Aber
stellen Sie sich einmal vor, Sie sind der Mittelpunkt
einer Quizsendung. Die Augen von 2 Millionen Fern-
sehzuschauern sind gebannt auf Sie gerichtet, der Preis
für die richtige Beantwortung dieser Frage ist 25 000,–
DM. Das ist schon ein Grund, um ins Schwitzen zu kommen. Also, welche Farbe hat das obere Licht der Ver-

kehrsampel? Vielleicht zögern Sie jetzt etwas, bevor Sie sagen »rot«. Die Antwort stimmt, kein Wunder, die Frage war leicht gewesen. Bei der nächsten Frage werde ich jedoch Ihren vielleicht berechtigten Stolz etwas dämpfen müssen. Schauen Sie jetzt bitte *nicht* auf Ihre Armbanduhr, und beantworten Sie mir folgende Frage: »Ist die *sechs* Ihrer Armbanduhr eine arabische oder römische Ziffer? Denken Sie genau nach, von Ihrer Antwort hängt viel ab. Wahrscheinlich nur nach Zögern werden Sie Ihre Antwort geben und im Zweifel sein, ob sie richtig ist. Schauen Sie jetzt bitte nach, vielleicht haben Sie auf Ihrer Uhr gar keine 6, bei vielen Uhren sitzt dort nämlich der Sekundenzeiger.

Aber es geht schon weiter. Sie haben doch gerade auf Ihre Uhr gesehen, welche Zeit zeigt sie an? Halten Sie mich bitte nicht für unverschämt, wenn ich Ihnen auf den Kopf zusage, daß Sie es nicht wissen. Erst wenn Sie ein zweites Mal nachschauen, werden Sie wissen, wie spät es ist.

Überlegen Sie vielleicht einmal, welcher Unterschied zwischen dem ersten und dem zweiten Nachschauen besteht. Dann versuchen Sie, meine nächste Frage zu beantworten.

Woche für Woche, Jahr für Jahr gehen durch Ihre Hände ungezählte Geldscheine. Deshalb wissen Sie sicherlich auch, daß auf den Geldscheinen ein Text zu finden ist, der mit den Worten beginnt: »Wer Banknoten nachmacht oder verfälscht oder ...« Wissen Sie auch, auf welcher Seite sich dieser Text befindet, auf der Kopfseite oder auf der Rückseite? Wenn Sie nicht im Bankfach tätig sind, werden Sie sicherlich nur raten können. Zu Ihrer Information, dieser Text steht auf der Rückseite, und zwar auf dem breiten weißen Randstreifen. Schauen Sie ruhig einmal nach! Ebenfalls auf diesem Randstreifen ist die Zahl des Banknotenwertes niedergeschrieben, einmal in Ziffern und einmal in Worten.

Wenn ich Sie nun frage, auf welcher Seite welche Schreibweise aufgedruckt ist, werden Sie wohl auch passen müssen, obgleich Sie doch täglich mit diesen Scheinen umgehen.

Hier haben Sie also den Fall, daß Sie etwas Tag für Tag sehen und doch nicht aufnehmen, das heißt, daß Sie etwas optisch erfassen, aber nicht geistig. Genauso ergeht es Ihnen mit Ihrer Kontonummer – die Sie ebenfalls sehr oft sehen oder schreiben – oder haben Sie sie vielleicht im Kopf?

Solche alltäglichen Beispiele könnte ich Ihnen zu Hunderten aufzählen und Sie würden in den meisten Fällen doch vergeblich überlegen, nicht wahr? Aber das ist noch lange kein Grund, die Hände über den Kopf zusammenzuschlagen und den Weltuntergang zu sehen. Es handelt sich hier lediglich um eine mangelnde Beobachtungsgabe. Ich benutze absichtlich den Begriff »lediglich«, denn Beobachtungsgabe ist eine *automatische* Funktion Ihres Gedächtnis, und jedes Gedächtnis läßt sich fast beliebig steigern, teilweise sogar so sehr, wie Sie es mir jetzt noch nicht glauben werden, spätestens aber nach dem Studium dieses Buches. Den Beweis dazu werde ich Ihnen auf den nächsten Seiten erbringen, denn hier sollen Sie sich einmal einem Test unterziehen, dessen Anleitungen Sie bitte exakt befolgen.

Test: Ein gutes, zuverlässiges Gedächtnis und eine gute Konzentration stehen heute unumstritten vor jedem Erfolg. Schon Plato sagte: »Unser Wissen ist einzig die Erinnerung.« Auch stehen Sie nicht allein mit dem Wunsch, sich eine Methode zu eigen zu machen, um Erfolg zu haben. Grundzüge der Technik, die Sie in diesem Buch erlernen, lassen sich bis in die Glanzzeit der griechischen Kulturepoche zurückverfolgen. Seit Jahrhunderten behielten jedoch die Kenner und Könner solcher Methoden ihr Geheimnis für sich, was menschlich auch verständlich ist, denn wer einmal durch eine solche Methode in den Genuß kommt, jeden im Betriebe mit dem Namen anreden zu können, alle Telefonnummern zu wissen und alle Termine und Verabredungen des Chefs, wird nicht allzugerne sein Können auf andere übertragen, zumal diese Methode von Jedermann leicht zu erlernen ist.

Wenn Sie mich nun fragen, ob sich ein derart geschultes Gedächtnis irren kann, so kann ich Ihnen darauf antworten: wirklich irren nie, es können höchstens Fehler durch Übermüdung auftreten. Denn, das menschliche Gedächtnis ist fast unbegrenzt. *Scipio* kannte die Namen aller Einwohner Roms, *Cyrus* nannte den Namen jedes Soldaten seines Heeres. Daraus können Sie schon ersehen, welche Möglichkeiten sich Ihnen eröffnen, wenn Sie nur etwas Mühe und gedankliche Arbeit aufbringen.

Nehmen Sie das Buch mit, wenn Sie auf Reisen gehen, machen Sie Übungen im Zug, in Ihrem Betriebe während der Mittagspause, wann immer Sie Zeit finden, und Sie werden eine deutliche Verbesserung fast täglich spüren.

Damit Sie einmal ihren momentanen Leistungsstand kennenlernen, möchte ich Sie bitten, sich den 20 Testübungen auf den nächsten Seiten zu unterziehen. Halten Sie bitte die Regeln und Zeiten der einzelnen Übungen genau ein, damit dieser Test unverfälscht gewertet werden kann. In späteren Kapiteln werde ich Sie dann wieder zu den einzelnen Übungen dieses Tests zurückführen, wenn Sie die jeweils erforderliche Technik erlernt haben. Erst dann sollen Sie das zweite Ergebnis ausfüllen.

1. Übung: Sie sehen in einem Quadrat viele kleinere Kästchen, in denen sich Zahlen befinden. Es sind genau die Zahlen von 1 bis 43. Sie haben nun 1 Minute Zeit, von 1 bis 43 zu zählen und sollen dabei immer auf die entsprechende Zahl im Quadrat tippen. Sie schreiben bitte als Ergebnis die Zahl nieder, die sie nach Ablauf einer Minute erreicht haben. Sollten Sie wider Erwarten früher fertig sein, so beginnen sie von vorne und zählen die dann noch gefundenen Zahlen zu dem Ergebnis hinzu.

(Noch einmal: Bei diesem ersten Test bitte immer nur das erste Ergebnis ausfüllen, das zweite dient später zum Vergleich.)

Übung 1 (1 Minute)
Die letzte Zahl ist 43

1. Ergebnis: 21
2. Ergebnis:

2. Übung: In der nächsten Übung gebe ich Ihnen 30 Wörter, die immer in Zweiergruppen zusammengestellt sind. Sie sollen versuchen, innerhalb von 3 Minuten so viele Wörter wie nur möglich zu behalten. Hierbei merken Sie sich immer die Begriffe im Zusammenhang, die durch einen Strich verbunden sind. Bei der Probe decken Sie dann die rechte Hälfte der Übung zu und erinnern sich von links nach rechts an die zugedeckten Begriffe und dann umgekehrt (links zudecken). Auf beiden Seiten zählen Sie *nur die Wörter*, die sie tatsächlich richtig wiedergegeben haben und schreiben die Anzahl der gewußten Begriffe als Ergebnis nieder.

Übung 2 (3 Minuten)

Waage	– Pastor
Ziehharmonika	– Polster
Zweck	– Verwendung
Kante	– Samen
Elster	– Interesse
Dieb	– Aschenbecher
Kreide	– Diamant
Sitzung	– Fisch
Tablette	– Linse
Kursus	– Schlosser
Leib	– Leistung
Zumutung	– Speisekarte
Rezept	– Rübe
Schild	– Erdkunde
Hauptsache	– Eid

1. Ergebnis: *15*
2. Ergebnis:

3. Übung: Ich gebe Ihnen 1 Minute Zeit, damit Sie die Linien dieser Übung so oft wie nur möglich mit dem

Auge hin- und herverfolgen. Benutzen Sie bitte keinen Bleistift oder den Finger. Die Kästchen, Dreiecke und Kreise überspringen Sie einfach mit Ihrem Auge, denn sie dienen dazu, Ihre Konzentration zu schwächen. Jedes Hin- und jedes Zurückverfolgen zählt als je einen Punkt. Die Punktzahl, die Sie innerhalb einer Minute erreichen, zählen Sie als Ihr erstes Ergebnis. Wo Anfang und Ende ist, spielt keine Rolle, Sie beginnen an irgendeinem der beiden Enden.

Übung 3 (1 Minute)

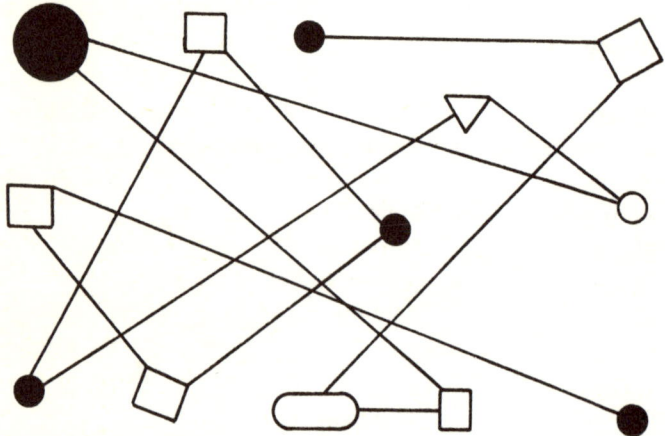

1. Ergebnis: 4
2. Ergebnis:

4. Übung: Sie haben 2 Minuten Zeit, um sich die folgenden 20 Wörter in der richtigen Reihenfolge vor- und rückwärts zu merken. Als Ergebnis zählen Sie bitte nur die Wörter, die Sie vorwärts auch wirklich in der richtigen Reihenfolge gewußt haben und ebenfalls nur die, die Sie rückwärts in der richtigen Reihenfolge gewußt haben. Beides zusammen ergibt Ihre Punktzahl.

Übung 4 (2 Minuten)

Hosenträger–hängen–Gummi–ausgeleiert–fallen–
runter–Lampe–schön–brennen–aufhängen–fortlaufen–
Mondgesicht–General–verraten–geschlagen–
eingesperrt–blau–verlassen–hinlegen–vergessen.

1. Ergebnis: *20*
2. Ergebnis:

5. Übung: Sie finden in dieser Übung immer 2 dicht unter-
einanderliegende Reihen von Buchstaben oder Zahlen
vor. In jeder Zweierreihe befindet sich ein Buchstabe
bzw. eine Ziffer, die nicht mit der direkt darüberliegen-
den identisch ist. Unterstreichen Sie bitte so viele Unstimmigkeiten wie nur möglich innerhalb von 15 Sekunden und notieren Sie die Anzahl der gefundenen Fehler.

Übung 5 (15 Sekunden)

AXZGF	SRMPL	17 654	20 764
HXZGF	SRNPL	17 754	21 764
KPLCT	KMCJR	39 864	12 314
KPICT	GMCJR	29 864	12 318
UVDFI	OLHBF	72 105	95 672
UWDFI	QLHBF	72 109	97 672
YAENS	VGZNO	64 831	48 659
YAENZ	WGZNO	67 831	58 659

1. Ergebnis: *12*
2. Ergebnis:

6. Übung: Versuchen Sie sich die folgenden 19 Sätze
in Verbindung mit den 19 Zahlen innerhalb von 6 Minu-

ten wort-wörtlich einzuprägen. Achten Sie aber auch wirklich auf die wörtliche Wiedergabe der Sätze, und geben Sie sich für jeden richtigen Satz mit richtiger Zahl 5 Punkte. (Es ist nicht so tragisch, wenn Sie winzige Feinheiten ändern, solange der Sinn unverändert steht.)

Übung 6 (6 Minuten)

¹/₂ – In der Schublade sind viele kleine Tuben
0 – Der Arzt hilft jeden Tag
1 – Ich fahre sehr gerne mit dem Auto
2 – Im Frühling haben die Zweige viele Knospen
3 – Hast du irgendwo meine Schwester gesehen?
4 – Affen klettern sehr schnell und flink
5 – Die Schuhe müssen mal wieder geputzt werden
6 – Der Atlas liegt dort unten im Pult
7 – Die Erde bebte und krachte zweimal
8 – Toast am frühen Morgen soll sehr gesund sein
9 – Heu brennt in Sekunden lichterloh
10 – Mit einer dicken Blase kann man schlecht laufen
11 – Gestern abend schien der Mond auf den Wald
12 – Hole mir bitte beim Milchmann etwas Milch
13 – Seit einiger Zeit erlerne ich die Stenografie
14 – Trotz seiner Verletzung besteht keine Gefahr
15 – Unser Nachbar ist politisch tätig
16 – Wir müssen bald wieder Kartoffeln einkellern
17 – Manchmal fällt es mir schwer, mich zu konzentrieren

1. Ergebnis: 50
2. Ergebnis:

7. *Übung:* Lesen Sie bitte die nächste Übung konzentriert durch. Hierbei werden Sie feststellen, daß Sie in jeder Zeile 3 Wörter vorfinden. Ein Begriff steht jedesmal ohne Zahl, zwei Begriffe mit den Zahlen 1 bzw. 2. Ihre Aufgabe ist, das Wort ohne Zahl so schnell wie

möglich zu erfassen und zu entscheiden, welches der beiden anderen Wörter mit Zahl sinngemäß dazugehört. Sie haben für diese Übung 15 Sekunden Zeit. Geben Sie sich für jede gelöste Zeile 5 Punkte.

Übung 7 (15 Sekunden)

Wasser	(1) Korb	(2) Eimer
(1) Weg	(2) Straße	Sand
(1) langsam	es regnet	(2) schnell fahren
(1) Augen	lesen	(2) Gehör
er ist nervös	(1) gute Nerven	(2) überarbeitet
(1) Formeln	(2) Vokabeln	Mathematik
(1) interessant	ein guter Lehrer	(2) langweilig
Urwald	(1) Natur	(2) Kultur
(1) Kerze	hell erleuchtet	(2) Lampe
systematisch	(1) Wirrkopf	(2) Logiker

1. Ergebnis:

2. Ergebnis:

8. Übung: In dieser Übung testen Sie Ihr Personengedächtnis. Die folgenden 15 Gesichter sollen Sie sich in Verbindung mit den daruntergeschriebenen Namen merken. Auf der nächsten Seite wiederum finden Sie die 15 Gesichter in einer vertauschten Reihenfolge vor, allerdings ohne Namen. Ordnen Sie dort bitte dem richtigen Gesicht seinen richtigen Namen zu, und geben Sie sich für jede richtige Lösung 5 Punkte. Sie haben für diese Übung 3 Minuten Zeit.

Übung 8 (3 Minuten)

Maier   Ander-nach   Gerster   Kinze   Gronen

Belder   Henden-schorz   Loder-hof   Ro-manzki   Ge-sender

Ba-ranski   Selden-grün   God-lewsky   Trope   Heider

1. Ergebnis:
2. Ergebnis:

9. Übung: Sie schauen sich bitte die Figur der Übung 9 solange an, bis Sie merken, wie sie sich mehrmals in der Perspektive verändert. Sie werden dabei feststellen, daß diese Figur hin und her »kippt«. Warten Sie bitte ein drei- bis viermaliges Kippen ab, dann lesen Sie den Text weiter.

Übung 9 (1 Minute)

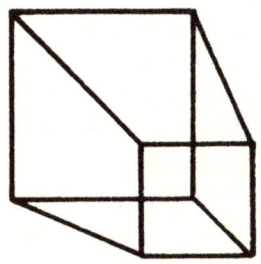

1. Ergebnis: *30*
2. Ergebnis:

Sie haben nun durch eine erste Erfahrung ein bestimmtes Gefühl für das Kippen dieser Figur bekommen. Vermittels dieses Gefühls sollen Sie versuchen, innerhalb einer Minute diese Figur sooft kippen zu lassen wie möglich. Die von Ihnen erreichte Anzahl der perspektivischen Veränderungen ist ihre Punktezahl. Bitte versteifen Sie sich nicht darauf, durch Blinzeln oder durch Schließen der Augen dieses Kippen zu provozieren.

10. Übung: Schauen Sie sich bitte diese 20stellige Zahl 2 Minuten lang an. Nehmen Sie sich dann ein Blatt Papier zur Hand und versuchen Sie, so viele Ziffern wie möglich einmal vorwärts und dann noch einmal rückwärts aus Ihrem Gedächtnis heraus niederzuschreiben. Sie erhalten für jede richtige Ziffer zwei Punkte. Als richtig gilt eine Ziffer aber nur dann, wenn sie in der tatsächlichen Reihenfolge erscheint. Für alle anderen Ziffern erhalten Sie nur einen Punkt.

Übung 10 (2 Minuten)

39674108924561435021

1. Ergebnis: 38 (16 + 7 = 23) . 2 = 46
2. Ergebnis:

11. Übung: Für die folgende Übung haben Sie 30 Sekunden Zeit. Innerhalb dieses Zeitraums lesen Sie bitte laut nur die ungeraden Zahlen vor. Wenn Sie früh genug fertig sind, dann beginnen Sie wieder von vorn, lesen aber diesmal die geraden Zahlen vor. Sie zählen bitte nur so schnell, wie Sie noch das Gefühl beibehalten, keine Fehler zu machen. Streichen Sie bitte an, wie weit Sie gekommen sind. Jede angefangene Zeile bringt Ihnen 2 Punkte ein.

Übung 11 (30 Sekunden)
Zweistellige Zahlen

23	44	57	38	95	74	84	23	95	17	42
68	84	83	95	22	82	94	48	15	53	72
27	43	84	37	87	88	23	74	74	83	17
84	75	83	92	93	75	66	74	64	93	20
44	72	84	98	09	37	74	32	81	93	47

1. Ergebnis: 10 16
2. Ergebnis:

12. Übung: Die folgenden 10 Fremdwörter sollen Sie sich innerhalb von 2 Minuten merken. Die Probe machen Sie, indem Sie bitte anschließend die linke Hälfte zudecken. Für jede richtige Lösung erhalten Sie wieder

5 Punkte. (Geringfügige Ungenauigkeiten in der Rechtschreibung bleiben für Ihr Ergebnis unberücksichtigt.)

Übung 12 (2 Minuten)

Ren	– Niere
exkludieren	– ausschließen
Litoral	– Strandzone
Katalekten	– Bruchstücke
Reglement	– Vorschrift
Konviktion	– Überführung eines Angeklagten
korrodieren	– zerstören
eminent	– hervorragend
Alumnat	– Schülerheim
Abdomen	– Unterleib

1. Ergebnis: *50 95*
2. Ergebnis:

13. Übung: Testen Sie einmal, wie sehr Sie in der Lage
sind, zwei verschiedene Dinge gleichzeitig zu beachten.
Die Gelegenheit dazu bietet sich Ihnen in dieser
Übung. In dem folgenden sechszeiligen Text sollen Sie
nämlich – ohne ihn ein zweites Mal zu lesen – sowohl
den Buchstaben a als auch den Buchstaben e zählen.
Für jeden innerhalb von 30 Sekunden richtig gezählten
Vokal erhalten Sie einen Punkt.

Übung 13 (30 Sekunden)
Zählen Sie die Buchstaben a und e

Das Nachlaßgericht in Heidelberg kann keine völlige
Klarheit darüber erlangen, wem der Nachlaß des ver-
storbenen Peter Ulrich gesetzmäßig zusteht. Es erläßt
daher eine öffentliche Aufforderung zur Anmeldung et-
waiger Erbrechte. Alle Erbberechtigten tun gut daran,

sich in diesem Falle sofort beim Nachlaßgericht zu melden und ihre Ansprüche geltend zu machen, andernfalls wird das Nachlaßgericht feststellen, daß der Staat Erbe ist.

1. Ergebnis: *16   38*
2. Ergebnis:

14. Übung: Nehmen Sie sich für den nächsten Test ruhig 2 Minuten Zeit. Sie sollen sich während dieser Zeit die richtige Zahl in Verbindung mit den richtigen Wörtern merken. Für jede vollständige Zeile erhalten Sie 5 Punkte. Fehlt ein Wort oder ist die Reihenfolge der zwei Wörter verdreht, so dürfen Sie nur 2 Punkte notieren. Wörter ohne Zahl gelten nicht.

Übung 14 (2 Minuten)

41 – Masche, Drähte   46 – Köpfe, Zählrohr
42 – Gitter, Netz   47 – zittern, Sorge
43 – Mitleid, gut   48 – Schuhe, Spaten   *2*
44 – Zahlen, Rohr   49 – fies, Soldat
45 – lachen, Plakat   50 – Mühsal, streichen *2*

1. Ergebnis: *40   68*
2. Ergebnis:

15. Übung: Läßt sich Ihr Auge leicht täuschen? Lassen Sie sich nur allzuleicht ablenken? Die Antwort auf diese Frage gibt Ihnen diese Übung, denn in dem Rechteck, das Sie sehen, befinden sich 4 Sterne. Diese Sterne sind allerdings optisch gut versteckt. Versuchen Sie, innerhalb von 2 Minuten diese Sterne zu finden. Jeder Stern bringt Ihnen 10 Punkte ein.

Übung 15 (2 Minuten)

1. Ergebnis: *40* ✓
2. Ergebnis:

16. Übung: Trauen Sie sich zu, die folgenden 10 Namen mit Telefonnummern in nur 5 Minuten zu behalten? Versuchen Sie es, für jede vollständige Zeile erhalten Sie 10 Punkte. Durch jeden Fehler – abgesehen von der Schreibweise der Namen – erlischt Ihr Anspruch auf die 10 Punkte.

Übung 16 (5 Minuten)   *(Name + Nr. ½ Zeile – 5 Pkt.)*

				3 = 1 Zeile ✓
Fuhrmann	2327	Kollberg	3195	
Fuchs	6815	Kirch	6230	—
Kaiser	4391	Wolrath	0030	—
Singer	4289	Wosche	4032	—
Dreisbach	5678	Schulte	3160	—

1. Ergebnis: *35 10*
2. Ergebnis:

17. Übung: Hier testen Sie einmal Ihr Kurzzeitgedächtnis (was ein Kurzzeitgedächtnis ist, erfahren Sie auf
den nächsten Seiten. Hier nur der Test). Von jeder
7stelligen Zahl lesen Sie bitte die Ziffern in Gedanken
mit. *Sofort* danach schauen Sie weg und wiederholen
die sieben Ziffern halblaut. Dann nehmen Sie sich die
nächste Zahl vor usw. Innerhalb von 45 Sekunden versuchen Sie, so viele 7stellige Zahlen wie nur möglich
richtig wiederzugeben. Für jede richtige Lösung notieren Sie 2 Punkte. (In späteren Übungen werden diese
Zahlen z. B. in Zweiergruppen vorgegeben. Hierbei
wiederholen Sie diese Zahlen natürlich dann auch in
solchen Zweiergruppen.)

Übung 17 (45 Sekunden)

6947321	2854390	5623758	3649681
4739167	5627079	2143573	5735275
8743278	4631834	4733283	9043831
5742646	2514638	8745372	7542494

1. Ergebnis:
2. Ergebnis:

18. Übung: Wie gut können Sie sich Straßennamen und
Hausnummern merken? Machen Sie den nächsten Test,
und Sie wissen es ganz genau.
Sie sehen 10 Straßennamen mit vierstelligen Haus-
nummern. Nehmen Sie sich 5 Minuten Zeit, um diese
Übung einzuprägen. Dann schreiben Sie die Straßen-
namen und Hausnummern auf ein Blatt Papier. Die
Punktezahl ermitteln Sie wie in Übung 16.

Übung 18 (5 Minuten)

Christophhornstraße	4365	Hindenburgplatz	5006
Nicolausstraße	7843	An den Braken	7022
Menoritenstraße	3696	Heidelbergweg	3894
Duckmannsweg	9103	Schneppruthe	4005
Ahornweg	5482	Michaelshöhe	3010

1. Ergebnis: 30   10
2. Ergebnis:

19. Übung: Hier wieder ein Konzentrationstest, der auch Ihre Augen beansprucht. Durch dieses Gewirr von Linien sollen Sie sich in 30 Sekunden durchfinden. Sie stellen also nur mit Ihren Augen – nicht mit Bleistift oder Finger – fest, welche Zahl zu welchem Buchstaben gehört. Für jede gefundene Verbindung erhalten Sie 5 Punkte. (Sie haben nur dann einen Fehler begangen, wenn Sie zum selben Buchstaben zweimal anlangen.)

Übung 19 (30 Sekunden)

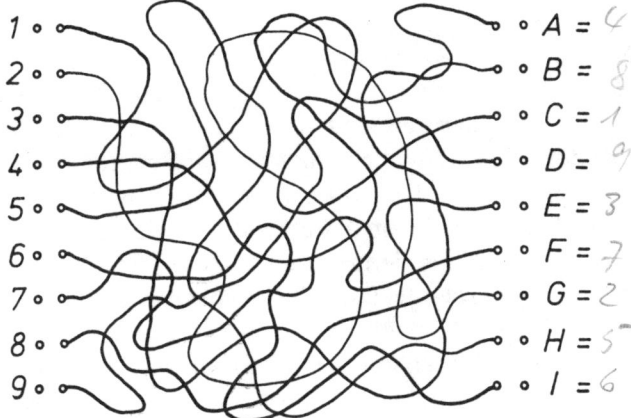

1. Ergebnis: 30   30
2. Ergebnis:

20. Übung: Kennen Sie das Morsealphabet? Wenn nicht, dann machen Sie noch den letzten Test. Versuchen Sie, das Morsealphabet in 15 Minuten zu behalten. Danach schreiben Sie dieses System auf ein Blatt nieder und geben sich für jede richtige Zeile 2 Punkte.

Übung 20 (15 Minuten)

A = · –	J = · – – –	S = · · ·
B = – · · ·	K = – · –	T = –
C = – · – ·	L = · – · ·	U = · · –
D = – · ·	M = – –	V = · · · –
E = ·	N = – ·	W = · – –
F = · · – ·	O = – – –	X = – · · –
G = – – ·	P = · – – ·	Y = – · – –
H = · · · ·	Q = – – · –	Z = – – · ·
I = · ·	R = · – ·	

1. Ergebnis: *36*   *46†*   *15 × 2 = 30*   *54*
2. Ergebnis:

Bitte lassen Sie sich durch die miserablen Ergebnisse des ersten Tests nicht entmutigen. Ich habe Sie deshalb diese Tests machen lassen, damit Sie von Kapitel zu Kapitel – von wo aus Sie diesen Test Schritt für Schritt wiederholen werden – Ihre enormen Fortschritte feststellen können. Diese Fortschritte werden so verblüffend sein, daß Sie den zweiten Test mit fast 100 Prozent bestehen werden. Halten Sie mich bitte nicht für verrückt, wenn ich Ihnen ein solch glänzendes Ergebnis prophezeie. Bedenken Sie bitte, daß das menschliche Gedächtnis bei richtiger Anwendung fast die Speicherkapazität eines Komputers entwickeln kann.
Dabei brauchen Sie noch nicht einmal hart zu arbeiten. Die Lektüre dieses Buches wird für Sie sehr amüsant

und spannend sein, und Sie werden später dennoch den zweiten Test mit einem glänzenden Ergebnis bestehen, denn das System dieses Buches könnte man mit Recht nennen: *Die Methode des Faulenzers, sich an alles zu erinnern.*
Eine kleine Anmerkung noch zum Schluß. Zählen Sie bitte alle Punkte des ersten Tests zu einem Gesamtergebnis zusammen. Dasselbe machen Sie später bitte auch nach dem zweiten Test. Die Gesamtpunktzahl des zweiten Tests soll dann mindestens *dreimal* so hoch sein, wie die des ersten Tests. Wenn Sie das erreicht haben, dann haben Sie die Methode in diesem Buch auf brillante Weise verstanden und angewandt.

Kurzzeit- und Langzeitgedächtnis: »Nur wer sich konzentriert, wer beobachtet, der beherrscht sein Gedächtnis wirklich.«   *Samuel Johnson*

Im zweiten Kapitel werden wir mit dem eigentlichen praktischen Training beginnen. Bitte gestatten Sie mir vorher noch einige theoretische Erläuterungen, die für das Verständnis dieser Methode von Nutzen sind.
Sicherlich haben Sie schon oft von dem sogenannten Kurzzeit- und Langzeitgedächtnis gehört. Wenn es Ihnen bis jetzt noch nicht so richtig klar war, wo der eigentliche Unterschied liegt, dann lesen Sie bitte die folgenden Zeilen aufmerksam durch.
Das Langzeitgedächtnis ist das Gedächtnis, das für Sie Wissen über längere Zeit aufspeichert. Das Kurzzeitgedächtnis tut dasselbe, aber nur für eine sehr kurze Zeit, nämlich für maximal 10 Sekunden.
Ich möchte Ihnen nun erklären, wann Sie das eine und wann Sie das andere Gedächtnis anwenden. Dazu werden wir einige praktische Beispiele aus dem alltäglichen Leben herausgreifen. Zunächst sei hier das Langzeitgedächtnis in seiner Anwendung erklärt.

Sie müssen einen Vortrag halten und möchten ihn möglichst ohne Konzept referieren. Sie prägen sich deshalb den Inhalt von diesem Vortrag ein. Da Sie ihn auch noch in den nächsten Stunden und bis zum Abend – wo Sie ihn halten – in Ihrem Gedächtnis aufgespeichert haben, handelt es sich hier um Ihr Langzeitgedächtnis. Der zweite Fall sieht ähnlich aus. Auf irgendeine Weise versuchen Sie – vielleicht zu Hause, vielleicht auf der Schule – eine Fremdsprache zu erlernen. Sie prägen sich die Vokabeln so gut ein, daß Sie sich in dieser Sprache bei Bedarf unterhalten können. Das bedeutet aber, daß Sie diese Vokabeln über Wochen, Monate und Jahre hinweg behalten. Auch hier wieder haben Sie Ihr Langzeitgedächtnis in Anspruch genommen.

Ganz anders liegt der Fall für Ihr Kurzzeitgedächtnis. Für die obigen beiden Fälle, nämlich für den Vortrag und die Fremdsprache, hätten Sie es niemals anwenden können, denn es besitzt ja nur, wie bereits erwähnt, eine maximale Speicherzeit von 10 Sekunden. Es gibt aber Fälle, für die das Langzeitgedächtnis viel zu träge reagiert, das Kurzzeitgedächtnis hingegen genau in der richtigen Weise arbeitet. Einen solchen Fall möchte ich Ihnen nun an folgendem Beispiel erklären.

Nehmen wir einmal an, Sie möchten einen guten Roman zur Entspannung lesen. Hierbei erfaßt Ihr Auge, wie Sie wissen, nacheinander Wort für Wort des Textes. Dabei spielt es keine Rolle, wie viele Worte Sie gleichzeitig aufnehmen, wichtig ist nur, daß Sie zwangsläufig von links nach rechts hin hintereinander Stück für Stück den Text erfassen. Um aber den Sinn eines jeden Satzes zu verstehen, wandelt Ihr Kurzzeitgedächtnis dieses zeitliche Nacheinander in ein *logisches Nebeneinander* um. Bei jedem Wort, das Sie gerade lesen, müssen Sie also in der Lage sein, sich noch an das zu erinnern, was einige Sekunden zuvor gewesen ist. Nur so gelingt es Ihnen überhaupt, den Satz als Ganzes zu verstehen, den Sinn

zu erfassen. Sie sehen also, wie wichtig das Kurzzeitgedächtnis für Sie ist. Ohne seine Funktion wären Sie
niemals in der Lage, dieses Buch zu lesen, könnten Sie
kein Gespräch führen, Sie würden nur den Sinn eines
jeden Wortes einzeln verstehen, mehr nicht. Es ist also
für Sie fast lebenswchitig, daß jede Information – ganz
gleich ob schriftlich oder mündlich – in Ihrem Ohr bzw.
in Ihrem Gedächtnis einige Sekunden »nachklingt oder
nachhallt«.
Ich glaube, daß diese Beispiele deutlich genug sind, um
Ihnen den Unterschied vor Augen zu führen. Ich habe
Ihnen diese Erläuterungen natürlich nicht einfach deshalb gegeben, damit Sie sich in der Theorie auskennen,
sondern hauptsächlich aus dem Grunde, weil wir in diesem Buch beide Arten von Gedächtnis, nämlich das
Langzeit- und *Kurzzeitgedächtnis* trainieren wollen.

Die Konzentration: Wären Sie ohne Zögern in der Lage,
auf die Frage: »Was ist Konzentration?« eine Antwort
zu geben? Damit meine ich nicht die Pauschalantwort:
»Wenn man sich konzentrieren kann.« Versuchen Sie
einmal, eine Antwort darauf zu geben, was ist eigentlich Konzentration?
Nun, Sie merken sicher schon, daß es gar nicht so einfach ist, wie man zunächst meint. Ich will deshalb versuchen, Ihnen eine möglichst klare Vorstellung von
Konzentration zu geben, ohne dabei auf die verwirren-
den und langwierigen Definitionen von psychologischen
Lexika zurückgreifen zu müssen. Wenn Sie das Wort
»Konzentration« übersetzen, so bedeutet die Vorsilbe
»kon« zusammen und »zentrieren« etwas auf ein Zentrum ausrichten. »Konzentrieren« meint demnach: »Etwas auf ein Zentrum zusammenfassen.« Mit dem Etwas
sind natürlich Ihre Gedanken oder Ihr Geist gemeint. Es
wird somit die Fähigkeit angesprochen, bei einer geistigen Arbeit die Gedanken auf eben nur diese Arbeit zu-

sammenzufassen. Und da sind wir auch schon bei dem springenden Punkt angelangt. Sie wissen ja, wie schwer es manchmal fällt, sich zu sammeln, seine Gedanken auf nur eine bestimmte Tätigkeit zusammenzufassen. Oft verbringen Sie die meiste Zeit damit, die Gedanken von irgendeinem fremden Gedankengang zurückzuholen. Ganz schlimm wird die Sache, wenn Sie Sorgen haben, aber beruflich gezwungen sind, sich einem anderen Thema zuzuwenden. Hier haben Sie einen Fall von inneren Spannungen oder seelischen Störungen, wodurch sich Ihre Konzentration auf ein Minimum reduziert. Ähnlich ergeht es Ihnen bei Desinteresse. Sie wissen selbst am besten, wie sehr sich die Konzentration bei mangelndem Interesse dahinschleppt. Fehlendes Interesse und seelische Spannungen sind die größten Feinde Ihrer Konzentration.

Durch Hypnose ist man in der Lage, solche Spannungen und Störungen auszuschließen. Ähnlich, wie sich bei einem Sauerstoffrausch das optische Blickfeld verengt, so kann ein Hypnotiseur vermittels der Hypnose bei Ihnen eine Verengung des geistigen Blickfeldes hervorrufen. Durch derartige Versuche lassen sich die Gedanken so stark zusammenziehen, daß eine maximale Konzentration erzielt wird, solange man unter Hypnose ist. Hebt man diesen Trancezustand auf, so fällt auch die künstliche Zusammenfassung der Gedanken wieder weg. Durch eine solche Hypnose wird also Ihr Interesse oder Ihre Motivation auf ein ganz bestimmtes, gewünschtes Thema hingelenkt. Im normalen Wachzustand läuft ein solcher Prozeß mehr oder weniger spontan ab. Das heißt, normalerweise hat Ihr Wille kaum einen Einfluß auf Ihre Interessen. An dem folgenden Beispiel soll Ihnen noch klarer werden, was ich meine.

Zuvor hatte ich schon erwähnt, daß mangelndes Interesse ein großer Feind für Ihre Konzentration ist. Ich möchte Ihnen nun eine Geschichte erzählen, die einigen unter Ihnen vielleicht bekannt ist. Bei dieser Geschichte müssen Sie sich etwas konzentrieren, um später antworten zu können. Bitte lesen Sie nun aufmerksam die folgenden Zeilen!

Sie sind der Fahrer einer Straßenbahn. Mit 35 Fahrgästen halten Sie an und lassen 7 aussteigen. Bei der nächsten Haltestelle geht es etwas eilig zu, denn 11 Fahrgäste steigen ein und 6 aus. Bei weiteren zwei Haltestellen steigen je 4 Gäste aus und einmal 5 und einmal 6 ein. Während die Bahn an einer Ampel warten muß, können 3 Personen einsteigen und 12 aussteigen, obwohl hier keine Haltestelle ist. Dann steigen noch an der nächsten Haltestelle 14 Personen aus und an der übernächsten 6 ein.
Und nun meine Frage. An wie vielen Haltestellen hält die Straßenbahn an? Sicherlich hatten Sie die Frage nach den restlichen Fahrgästen in der Straßenbahn erwartet. Ich glaube Ihnen gern, daß Sie wissen, wieviel Personen sich jetzt noch in der Bahn befinden. Die Frage lautet aber, ob Sie die Anzahl der Haltestellen kennen. Überlegen Sie ganz genau, vielleicht fällt es Ihnen ein. Wenn Sie es dennoch nicht wissen, so hat diese kleine Geschichte ihren Zweck erfüllt. *Sie glaubten* nämlich, ich würde Sie nach der Anzahl der Fahrgäste fragen und hatten sich deshalb darauf konzentriert. Ihre Gedanken kreisten also in dieser kleinen Geschichte nur um die Personen, die ein- und ausstiegen. Alles andere war für Sie in diesem Moment unerheblich. Deshalb hatten Sie sich auch nicht auf die Anzahl der Haltestellen konzentriert, und worauf Sie sich nicht konzentrieren, das behalten Sie auch nicht.
Aber vielleicht haben einige unter Ihnen das Gefühl gehabt, ich würde die Frage nach den Haltestellen an Sie richten. Dann allerdings haben Sie sich doch auf die Haltestellen konzentriert und sich *nicht ablenken* las-

sen. Daraus können Sie folgern: Nur was Sie wirklich behalten wollen, das behalten Sie auch. So lautet die Grundregel Ihres Gedächtnisses! Lassen Sie sich niemals ablenken, und Ihr Gedächtnis wird es Ihnen danken.

Ein Magier zum Beispiel beherrscht die Kunst der Ablenkung so sehr, daß Sie den eigentlichen Schritt eines Zauberkunststückes einfach übersehen. Ja, Sie halten sogar einen ganz unwesentlichen Handgriff für das Kernstück dieses Tricks. Ein Zauberkünstler wäre arm dran, wäre er nicht Meister der Täuschung. Aber nun ist es Zeit, meine zweite Frage an Sie zu richten. Können Sie mir auf Anhieb den Namen des Straßenbahnfahrers nennen? Vielleicht sind Sie jetzt verdutzt und meinen, der Name sei überhaupt nicht erwähnt worden. Sie irren sich, der Name wurde sogar im ersten Wort der Geschichte erwähnt, wenn auch in verschlüsselter Form. Hätte ich Ihnen zu Beginn dieser kleinen Geschichte zu verstehen gegeben, daß ich Sie nach dem Namen des Fahrers fragen würde, so hätten Sie sicherlich darauf geachtet. In diesem Falle aber ist es Ihnen überhaupt nicht in den Sinn gekommen, daß der Name von Bedeutung sein könnte, also haben Sie sich nicht darauf konzentriert. Aber ich will Sie nicht länger auf die Folter spannen, denn Sie möchten doch sicher gerne wissen, wie der Name des Fahrers lautet. Die Antwort ist ganz einfach und muß lauten: *Ihr eigener Name.* Erinnern Sie sich, ich hatte die Geschichte begonnen: »Sie sind der Fahrer einer Straßenbahn . . .« Sie sehen also ein zweites Mal, wie klischeehaft Ihre Aufmerksamkeit arbeitet, wie sie sich spontan nur das heraussucht, wovon Sie annehmen, daß es wichtig sei. In den 100 Konzentrationsübungen dieses Buches werden Sie langsam eine Technik entwickeln, die Ihnen hilft, solche Fehler nicht mehr oder zumindest seltener zu begehen. Dabei spielt es keine Rolle, wie alt Sie sind und welche Schulbildung Sie haben, die einzige Voraussetzung ist *Vertrauen*. Vertrauen Sie Ihren Fähigkeiten, und Sie werden Leistungen erbringen, von denen andere nur träumen. Denken Sie immer an den Autofahrer, der Sie fragt, warum sein Auto nicht fährt, obwohl er doch vorher die Luft aus allen Reifen herausgelassen hat. Genauso ergeht es Ihrem Gedächtnis und Ihrer Konzentration. Mangelndes Selbstvertrauen entzieht leider die Basis!

Autogenes Training: Wir waren darauf zu sprechen gekommen, daß seelische Spannungen Ihrer Konzentration und damit auch Ihrem Gedächtnis sehr zu schaffen machen. Aus diesem Grunde möchte ich Ihnen eine Entspannungsübung schildern, mit der Sie solche Spannungen abbauen können.
Viele von Ihnen haben sicher die eine oder andere Übung aus dem Autogenen Training kennengelernt. Die Übung, die ich Ihnen schildern möchte, stammt teils aus dem Autogenen Training, teils aus der Yogalehre. Wie Sie sehen werden, ist sie eine sehr einfache Art, sich zu entspannen.
Bitte legen Sie sich einmal flach auf den Rücken und nehmen Sie die Stellung wie beim Autogenen Training ein. Ihre Unterlage soll nicht zu hart sein, damit körperliche Störungen gering bleiben. Die Arme und Beine bitte nicht überkreuzen und die Augen schließen. In dieser Lage atmen Sie mehrere Male so tief wie möglich ein und aus. Hierbei achten Sie darauf, daß sich sowohl der Bauch als auch der Brustkasten hebt und senkt.
Sie spüren nun, wie Sie etwas zur Ruhe kommen und haben die besten Voraussetzungen geschaffen, sich zu entspannen. Ballen Sie jetzt Ihre Hände mit Kraft zu Fäusten zusammen und empfinden Sie einmal die deutliche Anspannung Ihrer Armmuskeln. Dann öffnen Sie

Ihre Hände wieder ganz locker und spüren Sie nun die beachtliche Entspannung der Muskeln. Das machen Sie bitte einige Male hintereinander und jedesmal genießen Sie regelrecht diese Entspannung.

Wenn Sie diesen Schritt gut im Griff haben, dann spannen Sie auf solche Art und Weise alle Muskeln Ihres Körpers an und entspannen sie wieder. Nach und nach werden Sie ein immer besseres *Empfinden für Entspannung* bekommen.

Und damit, meine verehrten Leser, sind wir schon bei dem entscheidenden Schritt angelangt. Denn wenn Sie einmal die Entspannung im Griff haben, dann können Sie sie jetzt nach Belieben erzeugen, *ohne* vorher die Muskeln anspannen zu müssen. Und genau diese Entspannung sollten Sie bewußt für einige Minuten am Tag herbeiführen. Wenn Sie dann genug Übung haben, dann können Sie die Entspannung noch koppeln mit einem leichten Schweregefühl Ihres Körpers. Auf diese Weise schaffen Sie sich eine »Oase« in der Wüste des Alltags. Sie wissen ja selbst am besten, wie auslaugend der Streß Tag für Tag sein kann, und ich habe noch niemanden getroffen, der nicht hier und da über Streß klagte. Ziehen Sie sich einige Minuten am Tage in Ihre »Oase« zurück, und Sie werden erleben, wie Sie ruhiger und ausgeglichener werden.

Mehr möchte ich Ihnen an dieser Stelle nicht über Entspannungsübungen berichten, denn in diesem Buch wollen Sie ja Ihr Gedächtnis und Ihre Konzentration schulen. Wenn Sie Übungen der Entspannung für nützlich halten und mehr darüber wissen wollen, dann greifen Sie doch zum Beispiel zu einem der Bücher über Autogenes Training und befassen Sie sich mit dieser Methode.

2. Kapitel: Die bildhafte Assoziation

»Sehen Sie diese zwei Striche auf dem Papier?« fragt der Psychiater den Patienten. »Was bedeuten die für Sie?« – »Eine nackte Frau«, erwidert der Patient ohne Zögern. Der Psychiater malt auf ein anderes Stück Papier einen Kreis und fragt ihn wieder nach der Bedeutung. Die Antwort des Patienten ist dieselbe wie zuvor: »Eine nackte Frau.« Der Psychiater schaut ihn nachdenklich an und zeichnet schließlich ein Rechteck auf seinen Block. »Was sehen Sie jetzt?« – »Wieder eine nackte Frau«, ist die Antwort des Patienten, der schon ein wenig ärgerlich wird, so wenig Verständnis für seine Antworten zu finden. »Ja, Mann!«, fährt ihn der Psychiater an, »haben Sie denn nur nackte Frauen im Kopf?«

»Wieso, *Sie* malen doch andauernd die Schweinereien!«

Assoziationen: Wissen Sie eigentlich, was eine Assoziation ist? Viele unter Ihnen, meine Leser, haben bestimmt schon einmal davon gehört. Man spricht von Assoziationen, wenn Sie plötzlich einen Gedanken weiterspinnen, der die eigenartigsten Erinnerungen mit sich führt. Oder Sie irren sich in einer Erinnerung, dann wird Ihnen gesagt: »Das müssen Sie falsch assoziiert haben« und so fort. Wenn Sie einmal darüber nachdenken, dann fallen Ihnen sicher noch viele dieser Beispiele ein. Daraus erkennen Sie schon, daß Assoziationen etwas mit Ihren Gedanken zu tun haben müssen.
Psychologen verstehen darunter die Verknüpfung von

zwei oder mehr Gedanken, wobei ein Gedanke durch den Erinnerungsvorgang den nächsten nach sich zieht. Das läuft oft unbewußt ab, kann aber auch bewußt provoziert werden. Ich möchte Ihnen das an einigen Beispielen noch deutlicher erklären.

Sie hören durch Zufall ein Lied, das vor einigen Jahren modern gewesen ist, und Sie erinnern sich plötzlich ohne Ihr Zutun an viele Dinge aus dieser Zeit. Vielleicht sehen Sie vor dem geistigen Auge, wie Sie zu dieser Melodie damals tanzten oder Sie denken an einen Freund, der Ihnen die Schallplatte geschenkt hatte. Alles das sind *unbewußte und unkontrollierte spontane Assoziationen*. Ein Psychotherapeut zum Beispiel versucht mit Hilfe solcher Erinnerungen, also Assoziationen, auf das Problem des Patienten zu stoßen. Wenn es ihm gelingt, diese Assoziationen zu provozieren und bis auf das Problem zurückzuführen, dann kann er dem Patienten helfen. Aber keine Bange, die Assoziationen, mit denen wir uns befassen, haben natürlich nichts mit solchen Problemen zu tun. Auch befassen wir uns nicht mit Assoziationen unbewußter Art, sondern Sie werden lernen, *bewußt* und *gezielt* ganz bestimmte Assoziationen aufzubauen.

Ich habe absichtlich immer wieder Wert gelegt auf den Begriff *Assoziation*. Nehmen Sie ihn bitte so schnell wie möglich in Ihren Sprachschatz auf, denn er ist der wichtigste Faktor für Ihr Erinnerungsvermögen. Ich hatte bereits erwähnt, daß wir uns mit bewußten Gedankenverbindungen beschäftigen werden. Hiermit zeigte ich Ihnen gleichzeitig den Weg, wie Sie Ihr Gedächtnis in unglaublichem Umfange erweitern können. Dazu das folgende Beispiel:

Wenn Sie wissen, daß Herr Müller die Telefonnummer 71 34 besitzt, dann ist der Name Müller mit der Nummer in Ihrem Gedächtnis *im Zusammenhang verankert*. Wenn Sie den Namen aufrufen, dann steht er in Ver-

bindung mit der vierstelligen Zahl, wird die Zahl aufge-
rufen, so steht sie in Verbindung mit dem Namen, und
zwar immer in Ihrem Gedächtnis. Es handelt sich also
um eine Assoziation zwischen Namen und Telefonnummer. Diese Assoziation hatten Sie selbst einmal hergestellt, indem Sie sich beides im Zusammenhang merk-
ten. Sie haben also assoziiert: Herr Müller hat die Telefonnummer 71 34.

Und wie ist diese Verbindung entstanden? Wahrscheinlich dadurch, daß Sie den Namen und die Zahl öfters
wiederholten, bis sich schließlich die gewünschte Assoziation einstellte.

Ein ziemlich willkürlicher und sekundärer Vorgang,
nicht wahr? Sie haben kaum Einfluß auf die Gedankenverbindung, sondern müssen solange wiederholen, bis
sie sich schließlich einstellt. Und ob sie lange bleibt,
das ist auch fraglich. Sie wissen ja selbst am besten,
wie schwer es fällt, lange Zahlen und Namen zu memo-
rieren, denn wenn Sie Herrn Müller längere Zeit nicht
angerufen haben, dann läßt Sie Ihr Gedächtnis bereits
wieder im Stich.

Und an dieser Stelle erfolgt nun der entscheidende
Schritt für Sie: Sie werden die Wirkungsweise des geschulten Gedächtnis kennenlernen und damit die Fähigkeit erwerben, in jeder Situation, zu jedem nur denk-
baren Fall bewußt Assoziationen herzustellen, die Sie
befähigen werden, ein Vielfaches aufzunehmen von
dem, was Sie vorher schaffen konnten. Außerdem werden Sie dies Erlernte wesentlich längere Zeit »behalten«. Was Sie erlernen, ist eine Assoziationstechnik, mit
der Sie bereits in diesem Kapitel erstaunliche Leistungen vollbringen werden: Sie werden lernen, *in 6 Minuten 60 Wörter* zu speichern.

Die Zweier-Kette: Schauen Sie sich bitte einmal das
folgende Beispiel an.

Beispiel: Mann – Maus

Sie sehen hier zwei Wörter, deren Zusammengehörigkeit durch einen Strich gekennzeichnet ist. Wenn ich Ihnen das Wort *Mann* zurufe, dann müßten Sie mir das Wort *Maus* nennen können, umgekehrt, rufe ich Ihnen das Wort *Maus* zu, dann sollten Sie wissen, zu dem Begriff Maus steht noch das Wort *Mann.* Eine leichte Sache, zugegeben, aber nicht mehr, wenn ich Ihnen von diesen Zweier-Kombinationen 30 Stück gebe und Ihnen nur wenige Minuten Zeit lasse. Hier müssen wir also zu der schon erwähnten Assoziationstechnik greifen, die ja das A und O eines geschulten Gedächtnisses ist. Ein berühmter Mann bemerkte seinerzeit: »Die Methodik ist die Mutter des Gedächtnisses.« Ich erkläre Ihnen deshalb, wie eine Gedankenverbindung für das obige Beispiel aussehen muß.

Sie stellen sich zu den Begriffen *Mann* und *Maus* eine bildhafte Verbindung vor, die möglichst absurd oder komisch oder ungewöhnlich sein soll. Stellen Sie sich bitte einmal mit geschlossenen Augen vor, eine Maus klettert an einem Mann hoch. Sie müssen dieses Bild tatsächlich vor Ihrem geistigen Auge sehen, und dürfen nicht bloß daran denken. Wenn Sie das Bild einige Sekunden deutlich gesehen haben, dann können Sie Ihre Augen wieder öffnen.

Natürlich hätten Sie auch eine andere Gedankenverbindung herstellen können. Zum Beispiel könnten Sie sich vorstellen, wie der Mann über die Maus stolpert. Oder, wie er versucht, diese Maus zu fangen. Welches Bild Sie nehmen, spielt keine Rolle, Sie müssen nur darauf achten, ein solches Bild soll absurd und ungewöhnlich sein. Ungewöhnliche Situationen stellen nämlich für Ihr Gedächtnis einen größeren Reiz dar. Natürlich genügt ein einziges Bild, um eine Assoziation herzustellen. Das Bild, das Ihnen als erstes in den Sinn kommt, nehmen Sie, denn es ist gewöhnlich das beste.

Nun haben Sie also für die Begriffe *Mann* und *Maus* in Ihrem *visuellen Gedächtnis* eine bildhafte Verbindung hergestellt. Würde Ihnen jetzt jemand das Wort Mann zurufen, dann würde automatisch vor Ihrem geistigen Auge das Bild mit der Maus aufleuchten, die an dem Mann hochklettert. Dadurch wissen Sie, zu dem Begriff Mann gehört noch das Wort Maus. Ruft Ihnen jemand den Begriff Maus zu, so läuft derselbe aber umgekehrte Vorgang ab.

Damit sind Sie in das erste Geheimnis eines überdurchschnittlichen Gedächtnisses eingeweiht. Sie wissen bereits, wie man einfache Assoziationen aufbaut, und Sie wissen auch schon, worauf Sie achten sollten. An der nun folgenden Vorübung praktizieren Sie bitte einmal die Technik der bildhaften Gedankenverbindungen, indem Sie sich für jede Zeile ein Bild vorstellen.

Auto   – Säge
Kette   – Trompete
Klinke – Kaugummi

Zum Beispiel stellen Sie sich vor, wie Sie ein Auto mit einer Säge zersägen usw. Danach decken Sie bitte die rechte Hälfte der Übung zu und erinnern sich von den linken Worten aus über Ihre Bilder an die verdeckten Begriffe.

Einfach, nicht wahr? Decken Sie jetzt die linke Seite zu, und wiederholen Sie den Vorgang umgekehrt. Sie sehen, wie einfach es ist, sich in beide Richtungen (von links nach rechts und von rechts nach links) an die Wörter der Vorübung mit Hilfe der Bilder zu erinnern. Hier noch einmal die Regeln für die Assoziationen. Sie sollten sie sich gut merken und beachten, denn sie sind sehr wichtig.

1. Sie bauen Gedankenverbindungen auf, indem Sie sich die beiden gewünschen Begriffe in einem Bild vorstellen.

2. Versuchen Sie, diese Bilder mit geschlossenen Augen tatsächlich zu sehen, nicht bloß daran zu denken.

3. Das Bild, das Ihnen als erstes in den Sinn kommt, ist ein spontanes Bild und in der Regel das beste. Nehmen Sie es, Ihr Gedächtnis wird es Ihnen danken.

4. Achten Sie bitte darauf, daß nur die Wörter in dem Bild erscheinen, daß Sie auch assoziieren wollen. Irgendwelche fremden Eindrücke haben hier nichts zu suchen (auf diesen Fall werde ich noch zu sprechen kommen).

Jetzt sind Sie bereits soweit, daß wir mit den eigentlichen Hauptübungen beginnen können. Genau wie bei unserer Vorübung, so verfahren Sie auch mit der Übung 1. Ich gebe Ihnen 1 Minute Zeit für das Assoziieren. Nach dieser Minute machen Sie die Probe, decken also zuerst die rechte Seite zu, dann die linke. Wenn Sie sich an irgendein Wort nicht erinnern können oder falsch wiedergeben, so streichen Sie das bitte als Fehler an. Die Anzahl der Fehler notieren Sie sich unter der Übung 1. Beginnen Sie jetzt bitte, Sie haben 1 Minute Zeit, die Übung mit Hilfe von Bildern zu behalten.

Übung 1 (1 Minute)

Karton – Suppe
Hase   – Mond
Kamin – Hose
Mantel – Auto
Garten – Lupe

Ist das nicht eine einfache Methode? Um Ihnen die ganze Sache für die nächsten Übungen noch leichter zu machen, möchte ich mit Ihnen die Übung 1 besprechen. Ich werde also einmal die Bilder nennen, die ich mir vorgestellt hätte.

Bei Karton und Suppe sehe ich mich, wie ich Suppe aus

einem Karton löffle. Ein ziemlich ungewöhnliches Bild.
Aber diese Verbindung bleibt gut im Gedächtnis haften.
Bei Hase und Mond stelle ich mir einen mondsüchtigen
Hasen vor, der auf dem Mond umherhoppelt. Als nächstes steht dort Kamin und Hose. Können Sie sich vorstellen, wie Sie Ihre Hose oben auf dem Kamin zum
Trocknen hinhängen? Es ist sicher sehr mühsam für Sie,
dort hinzugelangen.
Bei Mantel und Auto haben Sie Ihren Mantel im Auto
gelassen. Das Auto ist abgeschlossen, und Sie stehen
draußen im Freien. Die letzten beiden Wörter Garten
und Lupe sind ebenfalls sehr einfach. Sie gehen in Ihrem Garten spazieren, und in der Erde steckt eine riesige Lupe. Sie sind darüber sehr verwundert.
Würde ich jetzt die rechte Seite der Übung 1 zudecken,
dann könnte ich mich sehr leicht durch die Gedankenverknüpfungen an die zugedeckten Wörter erinnern.
Denke ich an einen Karton, dann sehe ich automatisch,
wie ich aus diesem Karton meine Suppe löffle. Genauso
leicht ist es mit allen anderen Wörtern dieser Übung.
Wenn ich an den Begriff Hose denke, dann sehe ich sie
an dem Kamin flattern und weiß dadurch das Wort Kamin usw.
Wenn Sie nun in der Übung 1 drei Fehler hätten, dann
sollten Sie ja, wie ich es bereits erwähnt hatte, diese
Zahl darunter schreiben. Es kommt für Sie aber noch
ein Schritt hinzu. Uns interessiert jetzt immer – und
zwar bei jeder Übung, die mit dem Gedächtnistraining
zusammenhängt – wie viele Worte Sie *richtig wiedergeben* können, nachdem die vorgeschriebene Zeit verstrichen ist. Zu diesem Zweck ziehen Sie ganz einfach
die Anzahl der Fehler von der Gesamtzahl der Wörter
einer Übung ab, und schreiben dieses Ergebnis als Ihre
Punktzahl unter die Übung.
Die Gesamtzahl der Wörter einer Übung erkennen Sie
sofort an der vorgegebenen Minutenzahl, denn bei 2

Minuten handelt es sich immer um 20 Wörter, bei 4 Minuten um 40 Wörter usw. Eine Ausnahme bilden die Übungen der Namen, Fremdwörter und Vokabeln. Hier müssen Sie die zehnfache Minutenzahl durch *vier* teilen.

In Ihrem Falle müßten Sie also jetzt die Anzahl Ihrer Fehler von 20 abziehen, und haben somit die Punktezahl. Die Fehlerzahl selbst ist nur noch ein Zwischenergebnis.

Sollte Ihre errechnete Punktezahl einmal die 80%-Grenze unterschreiten, dann wiederholen Sie diese Übung bitte noch einmal. Sie stellen also *noch einmal* Gedankenverbindungen her und machen erneut die Probe. Das ist alles, worauf Sie in diesem Buch achten müssen, um eine fortlaufende Kontrolle über Ihr Ergebnis zu haben. Und nun zu weiteren Übungen.

Bei den Übungen 2 und 3 wenden Sie wieder die Assoziationstechnik an. Es handelt sich auch hier um leichte konkrete Hauptwörter, die man sich gut vorstellen kann. Halten Sie bitte die Zeit genau ein und errechnen Sie dann Ihre Punktezahl.

Übung 2 (2 Minuten)

Hand	–	Kanne
Geige	–	Sack
Motorrad	–	Vogel
Auge	–	Antenne
Buch	–	Beutel
Reifen	–	Zimmer
Knochen	–	Flasche
Mine	–	Baum
Schaf	–	Maschine
Feder	–	Schere

Übung 3 (4 Minuten)

Heft	– Apfel
Seite	– Hügel
Seil	– Blei
Kante	– Dach
Ente	– Uhr
Nonne	– Himmel
Sicherung	– Schiff
Kanone	– Füller
Film	– Pinsel
Katze	– Kamm
Kanne	– Helm
Floß	– Farbe
Zelt	– Tisch
Kuß	– Handtuch
Zettel	– Getränk
Schenke	– Karton
Kreide	– Raumschiff
Milch	– Stuhl
Brille	– Bank
Foto	– Seuche

Typische Fehler: Sie haben gesehen, lieber Leser, wie leicht es mit dieser Methode fällt, 40 Wörter in 4 Minuten zu behalten. Dennoch muß ich Sie auf zwei ganz typische Fehler aufmerksam machen. Der eine oder andere unter Ihnen ist damit sicher schon in Konflikt gekommen. Sie wissen ja, daß Sie gewissermaßen die Bilder vor Ihrem geistigen Auge ablesen, sie in Worte übersetzen. Dabei kann es Ihnen geschehen, daß Sie ein Bild, in dem sich ein Auto befindet, als Wagen deuten. Oder Sie sehen eine Maus, denken aber an eine Ratte. Daraus können wir schließen, daß man bei der bildhaften Assoziation begriffsverwandte Wörter leicht verwechselt. *Aber nur dann,* wenn Sie bei Ihren Vorstellungen keinen Wert auf *Genauigkeit* gelegt haben.

Es existiert ja auch in Wirklichkeit ein Unterschied zwischen Maus und Ratte oder zwischen Kuchen und Torte. Wenn Sie aber auf solche Unterschiede beim Assoziieren keinen Wert legen, wenn Sie also nicht darauf achten, dann können Sie bei der Probe auch nicht sicher sein: war es der Begriff Auto oder Wagen, den ich mir vorgestellt hatte.

Sie können diesen Fehler also weitgehend durch genaueres Assoziieren vermeiden. Natürlich will ich damit nicht von Ihnen verlangen, daß Sie sich ab jetzt über die genaue Abgrenzung eines jeden Begriffes klarwerden. Erst im konkreten Fall, wo Sie einen solchen Fehler begehen, sollten Sie kurz darüber reflektieren: »Wie sieht für mich eigentlich der Unterschied zwischen diesen beiden Wörtern aus?« Für die anderen Begriffe ist das nicht nötig, denn die haben Sie ja auch nicht verwechselt.

Wenn zwei Begriffe einmal so ähnlich sind, daß eigentlich kein Unterschied zwischen ihnen besteht, dann verlassen Sie sich auf Ihr natürliches Gedächtnis, denn das existiert ja noch immer. Ihr natürliches Gedächtnis hilft Ihnen ebenfalls sehr, wenn das *gleiche* Wort mehrmals vorkommen sollte.

Das war also der eine typische Fehler, den man aber nur zu Beginn begeht, solange man noch nicht genügend Routine besitzt. Der zweite Fehler ist ganz anderer Art. Das möchte ich Ihnen an unserem ersten Beispiel *Mann–Maus* erklären. Wenn Sie sich an die vier Regeln zurückerinnern, dann sprach ich davon, daß fremde Eindrücke in einem Vorstellungsbild nichts zu suchen hätten. Nehmen wir das Bild, wo der Mann über die Maus stolpert. Hier sieht man einmal den *Mann* und dann die *Maus* zu Füßen des Mannes. Es ist aber möglich, daß Sie außerdem noch ganz andere Eindrücke wahrnehmen. Vielleicht den Tisch im Hintergrund und einen Stuhl daneben, das ganze Zimmer mit dem Fußboden und so weiter. Das sind alles *unnötige fremde Eindrücke,* und später wissen Sie nicht mehr, habe ich *Mann* und *Tisch* oder *Maus* und *Zimmer* assoziiert oder wie ist es richtig? Sie können diesen Fehler vermeiden, indem Sie nur die Begriffe mit ins Bild bringen, die von Ihnen gefordert werden.

Dazu die folgenden zwei Regeln:

5. Bei ähnlichen Begriffen müssen Sie in Ihrem Bild genauer unterscheiden. Nur so vermeiden Sie Verwechslungen.

6. Lassen Sie alle fremden Eindrücke weg. Wenn Sie in einem Bild eine Person zu Hilfe nehmen müssen, dann nehmen Sie Ihre eigene Person. Sie bleibt dadurch *unsichtbar,* da Sie die Situation durch Ihre Augen sehen.

Und nun machen Sie bitte die Übung 4. Aber halten Sie die Zeit wieder genau ein.

Übung 4 (6 Minuten)

Gerüst	– Beil	Wimpel	– Kaffee
Halstuch	– Riese	Jäger	– Küste
Radiergummi	– Gerte	Bürgersteig	– Tüte
Pferd	– Rasen	Tresor	– Tresor
Gatter	– Blüte	Scheibe	– Schild
Zement	– Stahl	Polizist	– Wange
Morgenrot	– Tante	Geräusch	– Gardine
Stoß	– Badewanne	Salz	– Kuchen
		Koffer	– Staub
Magen	– Ballon	Sofa	– Schwimmbecken
Onkel	– Fahne		
Fußball	– Metermaß	Plakat	– Säule
Zeppelin	– Kinn	Eimer	– Teppich
Flagge	– Flagge	Lampe	– Hochhaus
Schuß	– Pfad	Wind	– Strand
Spiel	– Busen	Schweiß	– Besen

Halten Sie Ihre Leistung für erstaunlich? Sie ist nichts
weiter als die richtige Ausnutzung Ihres Gedächtnis. Sie
wären mit dieser Methode sogar in der Lage, 100 *Wörter in 10 Minuten* zu behalten. Probieren Sie es, wenn
Sie mir nicht glauben, und Sie werden überrascht sein.
Inzwischen haben Sie so gute Fortschritte gemacht, daß
wir mit den ersten Übungen für Ihre Konzentration beginnen können. Sie kennen sie bereits von unserem
Test her. Wiederholen Sie bitte jede der 5 Übungen solange, bis sich ein Gefühl der Routine einstellt.

Übung 5
Die letzte Zahl ist 30

Übung 6

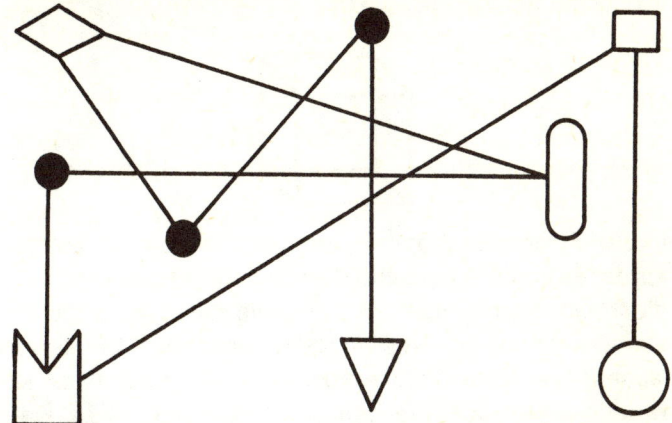

Übung 7

Unterstreichen Sie wieder die Unstimmigkeiten

BDR	CDG	ETU	ROM
BDF	COG	ITU	RÖM
JKL	GNM	ODW	IÄE
IKL	CNM	ODV	IAE
CYD	RIJ	OMV	UBA
CYF	RIT	OMB	UPA
TBS	IOL	DSA	IMT
TBC	IÖL	DSQ	IMD

Übung 8

(1) heute	jetzt	(2) morgen
verrückt	(1) normal	(2) anders
(1) kalt	schwitzen	(2) heiß
(1) nichtsgehört	wie bitte?	(2) alles verstanden
(1) stolpern	hinfallen	(2) Gleichgewicht
(1) hell	(2) Nacht	ich sehe nichts
(1) viel Ärger	zornig	(2) ruhiger Tag
(1) Brief	es schellt	(2) Telefon
viel Vergnügen	(1) Neid	(2) freundlicher Wunsch
Krach	(1) schlafen	(2) aufwachen

Übung 9
Wechseln Sie die Perspektive

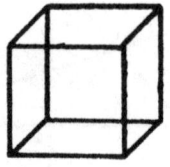

In den folgenden Kapiteln werden wir noch darauf zu sprechen kommen, welche Bereiche Ihrer Konzentration diese Übungen ansprechen und wie diese Bereiche im einzelnen trainiert werden oder sich noch trainieren lassen. Sie sollten die Konzentrationsübungen immer wiederholen, sooft Sie Zeit und Lust dazu haben. Dabei spielt es keine Rolle, ob Sie eine bestimmte Übung schon oft gemacht haben oder nicht. Denken Sie immer an den Ausspruch eines berühmten Zeitgenossen, der da sagte: »Ich habe schon viele Menschen gesehen und gesprochen, und die meisten beklagten sich darüber, sich nicht konzentrieren zu können. Ich habe aber noch niemanden kennengelernt, der darüber klagte, ein *Übermaß an Konzentration* zu besitzen.«

Die abstrakten Begriffe: Bis jetzt haben Sie konkrete, leicht vorstellbare Hauptwörter assoziiert. Schwer ist es Ihnen nicht gefallen, wie Sie gesehen haben. Bei den nun folgenden abstrakten Worten wird die Sache ein wenig schwieriger. Das hat seinen Grund darin, daß man sich unter solchen abstrakten Begriffen nur mühsamer etwas vorstellen kann, als unter gegenständlichen.

Als ich einmal in einem Club der alten Herren eine Demonstration gab, wurden mir unter anderem sehr viele abstrakte Begriffe genannt, die ich in Verbindung mit Zahlen assoziieren mußte. Ich erwähne dieses Beispiel deshalb, weil ich mich noch an diese Wörter erinnern kann und Ihnen daran den nächsten Schritt schildern möchte. Es waren zum Beispiel Wörter wie: Organisation, Einöde, Verletzung, Schattierung, Angabe, Umsatz usw. Nun haben Sie bisher noch nicht die Methode der Zahlen kennengelernt, deshalb beschränke ich mich an dieser Stelle darauf, diese Begriffe zu Zweier-Ketten zusammenzufassen und mit Ihnen gemeinsam zu besprechen.

Um diese Wörter zu klassifizieren, bezeichne ich sie als Zustände und Bewegungen. Zustände sind Begriffe wie Verletzung. Unter diesem Wort stellt man sich vielleicht eine oder mehrere Wunden vor. Es ist bei dem Bild etwas in Ruhe, unbewegt. Gleichzeitig ist dieses Wort nicht mehr so konkret wie Tisch oder Stuhl.

In den Bereich der Bewegungen fallen Begriffe wie Organisation. Hier könnte man jemanden sehen, der von seinem Schreibtisch aus organisiert und dirigiert. Es bewegt sich also etwas, im Gegensatz zu vorher. Damit Sie nun in der Lage sind, immer zwei Wörter in einem Bild auszudrücken, brauchen Sie noch einige ganz wichtige Regeln.

Bei abstrakten Begriffen jeder Art spricht man nicht mehr von Bildern, sondern von *Scheinbildern*. Der Grund liegt darin, daß Sie sich jedesmal eine *Situation vergegenwärtigen* müssen. Bei Organisation z. B. sehen Sie einen Mann hinter seinem Schreibtisch, der telefoniert, unterzeichnet, anderen Personen Befehle gibt, an einer Tafel Statistiken beobachtet usw. Hier wird Organisation nicht durch einen einzigen Gegenstand ausgedrückt, sondern durch die Summe vieler Details. Wir haben den Schreibtisch, den Mann, die Akten, das Telefon, andere Personen die Befehle erhalten und vieles mehr. Das Ganze ergibt eine *Situation,* und diese Situation erst drückt den Begriff *Organisation* aus.

Wenn Sie in der glücklichen Lage sind, sich an eine erlebte Situation zu erinnern, die das Wort ausdrückt, das Sie gerade behalten wollen, dann greifen Sie auf diese Situation in Ihrer Erfahrung zurück. In allen anderen Fällen müssen Sie sie konstruieren, mit ihrer Phantasie ausschmücken. Bevor wir aber nun zu den nächsten Übungen kommen, möchte ich mit Ihnen die Beispiele des alten Herrenclubs genau besprechen.

Was Sie sich bei *Organisation–Einöde* vorstellen können, ist gar nicht so schwierig, wie Sie vielleicht denken. Stellen Sie sich einmal vor, eine Einöde z. B. in Sibirien soll erschlossen werden. Dazu ist sicher ein gutes Stück Organisation notwendig. Sie können sich Bautrupps vorstellen, Maschinen, einen Planungsstab usw. Das Ganze spielt in einer riesigen Schneewüste, die sie sich verlassen und trostlos vorstellen. *Das ist ihre Situation, die Organisation und Einöde ausdrückt!*

Bei den beiden Begriffen *Verletzung–Schattierung* verfahren wir ähnlich. Ein Junge z. B. hat sich verletzt. Die Verletzung selbst besteht aus blauen Flecken und roten und grünen Stellen. Dieses Muster der Verletzung ist für Sie eine Schattierung. *Das ist alles*, was Sie sich vorstellen müssen. Als letztes haben wir die zwei Wörter *Angabe–Umsatz*. Hier stelle ich mir einen Geschäftsmann vor, der bei seinen Freunden mit seinem Umsatz angibt. Vielleicht haben Sie unter Ihren Bekannten einen Geschäftsmann. Wenn ja, dann sehen Sie ihn am Stammtisch, wie er seine Abrechnung den Freunden vorhält und mit viel Angabe auf seinen Umsatz pocht. Durch diese Assoziation haben Sie eine Situation erfaßt, die Ihnen die Begriffe *Angabe* und *Umsatz* wiedergibt.

Ich bin der Meinung, daß Sie mehr Beispiele nicht brauchen. Nehmen Sie sich nun die Übung 10 vor, und versuchen Sie, die Gedankenverbindungen in 2 Minuten herzustellen. Ihr Ergebnis notieren Sie wieder unter der Übung.

Übung 10 (2 Minuten)

Haarwäsche	– Spiel
Kampf	– Spionage
Jagd	– Bosheit
Beifall	– Faulheit
Laster	– Sitzung
Erklärung	– Gewohnheit
Wahnsinn	– Anruf
Abart	– Geräusch
Situation	– Wut
Verwüstung	– Bekleidung

Wenn diese Übung etwas weniger gut gelang als früher, so ist das kein Grund, enttäuscht zu sein. Bitte glauben Sie nicht, daß mir solche Übungen anfangs leicht gefallen sind. Ganz im Gegenteil. Ich mußte mir erst einmal darüber klar werden, welche Situationen ich bei bestimmten Worten aufzubauen hatte, damit ich mich wieder an die Übung erinnern konnte. Sie werden sehen, bei den nächsten Übungen geht es schon wesentlich besser. Sie dürfen nur nicht dem folgenden schwerwiegenden Fehler verfallen: Wenn Ihnen zu zwei Begriffen kein Bild einfällt, dann gehen Sie bitte *nicht* dazu über, die Worte auswendig zu lernen. Schieben Sie sie vorerst einfach beiseite, und überlegen Sie sich dann ein Bild dazu, nachdem Sie die anderen Wörter der Übung assoziiert haben. Meistens klappt es dann besser als zuvor. *Aber lernen Sie niemals eine Übung auswendig!*
Versuchen Sie sich bitte jetzt an der Übung 11, und halten Sie die Zeit exakt ein.

Übung 11 (3 Minuten)

Genuß	– Husten
Start	– Hypnose
Siegel	– Betrag
Fertigstellung	– Sitzung
Schlauheit	– Eroberung
Verkümmerung	– Geständnis
Entgegenkommen	– Zuhause
Verklemmung	– Automation
Mitbestimmung	– Lüge
Vorbereitung	– Achtung
Sinnbild	– Begräbnis
Mobilisierung	– Echo
Abdrift	– Treffen
Fleiß	– Trieb
Müdigkeit	– Zusage

Sie werden bereits gemerkt haben, daß Sie mehr Routine bekommen. Bevor wir uns wieder mit einigen Konzentrationsübungen befassen, machen Sie bitte noch die Übung 12.

Übung 12 (4 Minuten)

Urlaub	– Miete
Freßsucht	– Trieb
Freßlust	– Gelegenheit
Furcht	– Ausstellung
Gelegenheit	– Gebäude
Unterstützung	– Lektion
Freßsucht	– Anreihung
Ausgeglichenheit	– Besprechung
Flug	– Ausstoß
Geruch	– Duft
Veranstaltung	– Heiligenschein

Blindheit	– Wechsel
Geburt	– Vorschrift
Auszeichnung	– Zahlung
Krankheit	– Protest
Gesundheit	– Länge
Regel	– Lotterie
Niederlage	– Mittel
Gesetz	– Höhe
Prozeß	– Sturheit

Wenn Sie gerne wissen möchten, wie lange Sie eine Übung im Gedächtnis behalten, dann greifen Sie sich irgendeine heraus und wiederholen Sie sie in drei Tagen. Das ist die errechnete Durchschnittszeit, nach der Sie eine Übung noch vollständig aus dem Gedächtnis abrufen können. Aber nun zu weiteren Konzentrationsübungen. Sie finden sie unter den Nummern 13 bis 17 vor. Da Sie Ihnen von unserem Test auf den ersten Seiten her bekannt sind, brauche ich dazu weiter nichts zu sagen. Wiederholen Sie bitte jede Übung sooft, bis sich wieder das Gefühl der Routine einstellt.

Übung 13
Gerade bzw. ungerade

34	65	87	48	76	38	94	21	04	74
57	84	66	94	86	76	02	10	57	83
78	43	68	92	16	04	14	57	35	87
47	83	56	76	84	92	47	65	38	41

Übung 14
Zählen Sie den Buchstaben a

Es mag überraschend anmuten, aber es gibt eine absolut praktikable Lösung. Die Konstruktion ist zwar nicht immer stabil, aber in manchen Fällen hilft eine andere Anschauungsform.

Übung 15

Konzentrieren Sie sich *nur* mit Ihren Augen: Welcher
der jeweils 3 Striche geht durch einen Punkt?
(Auf jeder Seite ist es nur jeweils einer.)

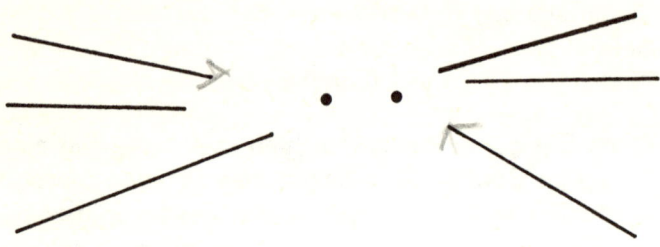

Übung 16
Kurzzeitgedächtnis

3548	3826	9531
5846	5841	8954
5743	1523	9685

Übung 17

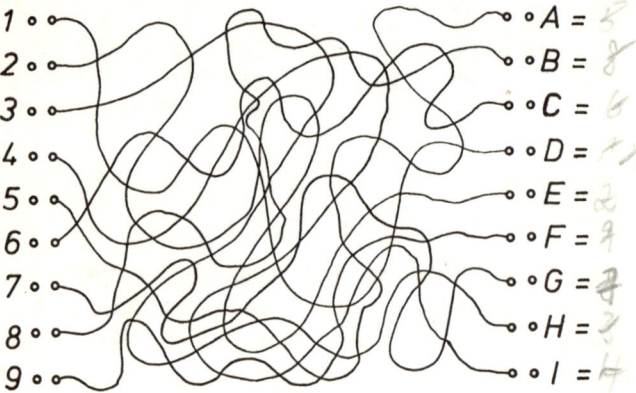

Die Körpersprache: Viele unter Ihnen sind an dieser Stelle vielleicht verdutzt und fragen sich mit Recht, »was hat die Körpersprache mit dem Gedächtnis zu tun?« Nun, Sie werden sehen, daß uns die Körpersprache – die wissenschaftliche Bezeichnung ist *Kinesik* – ein gutes Stück weiterbringt. Die Wortgruppe nämlich, mit der wir uns jetzt befassen, wird eingeteilt in Gefühle und Charaktereigenschaften. Sie sind noch etwas schwieriger zu assoziieren, als die Zustände und Bewegungen. Es handelt sich dabei um Wörter wie Mitleid, Angst oder um Begriffe wie Ehrgeiz und Toleranz. Mitleid und Angst drücken Gefühle aus, während Ehrgeiz und Toleranz bestimmte Charaktereigenschaften bezeichnen. Wenn wir uns einmal überlegen, wer Gefühle empfinden kann, dann ist es vor allem der Mensch, der uns in den Sinn kommt. Ein Mensch empfindet eine große Anzahl unterschiedlicher Gefühle, die auch irgendwie *sichtbar werden,* und zwar durch seine Mimik, durch seine Gestik und seine Verhaltensweise anderen Personen gegenüber. Die Summe dieser drei Ausdrucksformen ist die Körpersprache oder Kinesik. Da wir bei unseren bildhaften Gedankenverknüpfungen auch abstrakte Begriffe irgendwie sichtbar machen müssen, kommt uns die Körpersprache des Menschen sehr gelegen.
Denken Sie doch bitte einmal eine Weile darüber nach, wie es aussieht, wenn jemand Wut hat, wenn sich jemand ärgert oder freut. Wie sieht es z. B. aus, wenn ein Mann sehr tolerant ist, wenn eine andere Person sehr ehrgeizig ist usw. Das sind alles Begriffe, die sich durch die Mimik, durch Gestik und durch Handlungsweisen *bildhaft* ausdrücken lassen. Ich möchte Ihnen an dieser Stelle empfehlen, Ihre Mitmenschen hier und da genauer zu beobachten. Schauen Sie eine Weile aus der Ferne zu, wenn sich zwei Hausfrauen nach dem Einkauf treffen und das Neueste vom Tage erzählen. Beobachten Sie Ihre Verwandten, wenn sie telefonie-

ren. Sie werden ein reiches Angebot an Gesten erleben. Vielleicht stellen Sie auch einmal den Ton im Fernseher ab. In diesem Moment wird Ihnen die Körpersprache in eindrucksvoller Art klar und verständlich.

Nachdem Sie sich nun etwas mit der Körpersprache angefreundet haben, möchte ich mit Ihnen einen Teil der Übung 18 besprechen.

Bei *Liebe–Haß* könnten Sie sich an einen Film zurückerinnern, der sich mit dem Thema Haßliebe beschäftigte. Hier sehen Sie für einige Sekunden mit Hilfe der Körpersprache zwei Menschen, die sich sehr lieben. Wechseln Sie dann die Szene und lassen Sie die Liebe in Haß umschlagen. Bei *Tendenz-Lust* versetzen Sie sich in einen Vortrag, wo ein Redner von Tendenzen in der heutigen Zeit spricht. Beobachten Sie dabei seine Gesten, wahrscheinlich wird er das Wort *Tendenz* mit einer Handbewegung von sich weg unterstreichen. Während Sie seiner Handbewegung folgen, gelangt Ihr Blick zum Fenster, und Sie sehen draußen die warme Sonne. Sie bekommen plötzlich *Lust,* spazierenzugehen. Auch bei *Entschluß–Verlockung* verfahren Sie in ähnlicher Weise. Bei einem Schaufensterbummel erblicken Sie eine riesige Cremetorte. Das ist für Sie natürlich eine große *Verlockung.* Aber dann fassen Sie den spontanen *Entschluß* – indem Sie die geballte Faust in die Hand schlagen (Körpersprache) –, dieser Verlockung nicht nachzugeben.

Sehen Sie jetzt, wie Ihnen die Körpersprache bei der Gedankenverknüpfung hilft? Die Übungen werden dadurch viel leichter, als man vorher annimmt. Assoziieren Sie nun die vollständige Übung 18 in 2 Minuten.

Übung 18 (2 Minuten)

Liebe	– Haß
Tendenz	– Lust
Entschluß	– Verlockung

Beispiel   – Tod
Gegenwart   – Abscheu
Entzückung – Dunkel
Frost   – Lob
Ewigkeit   – Toleranz
Gut   – Kritik
Versetzung   – Typ

Nachdem Sie Ihr Ergebnis notiert haben, möchte ich Sie bitten, auch noch die Übung 19 in 4 Minuten zu bewältigen.

Übung 19 (4 Minuten)

Schrei   – Trauer
Institut   – Freundlichkeit
Fach   – Sitte
Tempo   – Furcht
Nebenlinie   – Schlagbaum
Sehnsucht   – Trauer
Schandtat   – Luder
Harmonie   – Entwicklung
Entsetzen   – Verwicklung
Hoffnung   – Sport
Betonung   – Genießer
Hetze   – Stolz
Niedertracht   – Liegenschaft
Handel   – Klang
Eifer   – Situation
Leutseligkeit   – Zentimeter
Ziehung   – Pfund
Trachten   – Tun
Falschheit   – Verachtung
Sonnenbad   – Gewicht

Sie sind bereits ein gutes Stück weitergekommen, denn Sie haben die drei möglichen Wortgruppen der Hauptwörter in der deutschen Sprache bewältigt. Was noch zu tun bleibt, ist eine Übung, in der diese drei Gruppen gemischt vorkommen. Mit dieser Übung, nämlich die Übung 20, möchte ich das zweite Kapitel dieses Buches abschließen. Sehen Sie sie als eine Art Generalprobe an, die Ihnen den Erfolg des zweiten Kapitels darlegt. Nach dieser Übung gehen Sie noch einmal zurück auf unseren Test in Kapitel 1 und wiederholen Sie dort die Übung Nr. 2. Sie werden erstaunt sein über Ihr gutes Ergebnis, besonders dann, wenn Sie es mit dem vorherigen vergleichen.

Übung 20 (6 Minuten)

Gelage	– Geknister	Zeuge	– Standpunkt
Umbruch	– Wiege	Kapazität	– Schema
Niedertracht	– Übersicht	Zusammenkunft	– Foto
Plüsch	– Whisky	Feier	– Hitze
Training	– Sucht	Salat	– Wirtschaft
Zucht	– Blick	System	– Erfrischung
Würde	– Generation	Zahl	– Schriftsteller
Schläfe	– Puppe		
Disziplin	– Mast	Los	– Schutz
Schwebe	– Kreuz	General	– Nummer
Fleisch	– Anstand	Einrichtung	– Punkt
Messer	– Puppe	Insel	– Bildung
Hochmut	– Nutzen	Offenbarung	– Komma
Ratschlag	– Aberglaube		
Schlucht	– Drang	Abhängigkeit	– Hand
Gelegenheit	– Ziegel	Ende	– Gardine

3. Kapitel: Gemischte Wortketten in der deutschen Sprache

Je verständlicher ein Vorgang ist, um so einprägsamer ist er für das menschliche Gedächtnis. Je abstrakter ein Vorgang ist, um so leichter vergißt der Mensch ihn.

Benedict Spinoza

Auf dem Gebiet der Hauptwörter haben Sie inzwischen Ihr Gedächtnis sehr gut geschult und verbessert. Unser nächster Schritt wird deshalb sein, weitere und andere Wortarten zu assoziieren. In diesem Kapitel beschäftigen wir uns mit Zeitwörtern, Eigenschaftswörtern und Verhältniswörtern. Zuvor aber möchte ich als Ergänzung zu Kapitel 2 mit Ihnen einige Begriffsdefinitionen besprechen.

Sie wissen aus eigener Erfahrung, wie leicht sich ähnliche Begriffe verwechseln lassen. Vielleicht haben Sie schon selber Blatt mit Zettel oder Trauer mit Kummer vertauscht, als Sie sich an diese Worte erinnern wollten. Sie haben diese Begriffe deshalb verwechselt, weil es in Ihrem Bild *keinen Unterschied* gab. Aber es gibt einen Unterschied, und sei er noch so klein. Aus gutem Grunde sagen die Franzosen: »Vive la difference«, denn dieser Unterschied macht es aus, ob Sie zwei Begriffe vertauschen oder nicht.

Was glauben Sie, ist der Unterschied zwischen Papier und Zettel? Überlegen Sie bitte eine kurze Zeit, wie Bilder dazu aussehen könnten, bevor Sie weiterlesen.

Bei *Zettel* würde ich mir die kleine Seite eines Blocks vorstellen, auf der ich einige Notizen niedergeschrieben habe. *Papier* ist für mich nur das Material, das ich mir zerknüllt und zerknittert vorstelle.

Überlegen Sie sich nun den Unterschied zwischen Geldstück und Münze. Ein Geldstück stelle ich mir als modernes Zahlungsmittel vor, während Münze mehr ein Sammlergegenstand ist. Wo liegt für Sie der Unterschied zwischen Leierkasten und Drehorgel? Der Leierkasten ist ein kleines, teilweise modernes Instrument, mit dem sich jemand Geld durch Spielen in Hinterhöfen verdienen kann. Eine Drehorgel ist sehr groß und steht auf dem Jahrmarkt. Man kann die riesigen Orgelpfeifen sehen und sie wird meistens durch Lochkarten gesteuert.

Nun zu einigen abstrakten Begriffen. Wie stellen Sie sich den Unterschied zwischen Trauer und Kummer vor? Bei Trauer sehe ich eine Frau am Grabe stehen, ganz in schwarz und mit einem Trauerschleier. Unter Kummer stelle ich mir eine Mutter von vielleicht zwei Kindern vor. Die Kinder bereiten der Mutter fortlaufend Kummer im Sinne von Sorgen, denn sie ärgern die Nachbarn, rennen wie wild auf der Straße herum usw. Denken Sie zum Schluß noch über Unruhe und Erregung nach. Erregung ist auf jeden Fall viel stärker als Unruhe. Unruhe drückt sich darin aus, daß Ihre Gedanken unentwegt um ein Problem kreisen. Bei Erregung ist das Ganze soweit gesteigert, daß Sie nahe daran sind, die Beherrschung zu verlieren und vielleicht sogar Schweißausbrüche haben.

Sie sehen, man kann begriffsähnliche Wörter *bildhaft* trennen, wenn man nur etwas überlegt. Freilich sollen Sie keine Dudendefinitionen nachschlagen, sondern immer für *Ihren Zweck* darüber nachdenken, wie zum Beispiel sieht für mich Wiese im *Unterschied* zu Rasen aus usw. Natürlich bezieht sich das nicht nur auf Hauptwörter, sondern auf alle anderen Wortarten der deutschen Sprache. Vielleicht stellen Sie sich einmal vor, Sie sind

Lehrer und müssen Ihren Schülern einzelne Begriffe erklären. Sie werden sehen, es macht nicht nur Spaß, sondern Sie lernen sehr viel dabei.

Und nun zu den versprochenen Zeitwörtern. In der Schule haben Sie gelernt, daß Zeitwörter dafür da sind, Bewegungen auszudrücken. Um uns eine Bewegung bildhaft vorstellen zu können, brauchen wir jedoch *Lebewesen* oder *Gegenstände* bzw. *Dinge*, die sich bewegen. Mit laufen allein z. B. können Sie nichts anfangen, wenn Sie nicht die Person sehen, die läuft. Solche Gegenstände, Personen und Tiere sind also unsere *Hilfsmittel*, mit denen wir uns Bewegungen vorstellen müssen. Bei dem Begriff *singen* müssen wir uns eine Frau oder einen Vogel vorstellen, die gerade singen. Bei *schneiden* nehmen Sie ein Messer oder eine Schere, mit der Sie etwas schneiden. Das gleiche Prinzip wenden Sie bei *allen* nur erdenklichen Zeitwörtern an. Bevor Sie nun die Übung 21 assoziieren, möchte ich Ihnen ein Beispiel nennen, in dem sich *singen* und *schneiden* in einem Bild befinden.

Eine Frau schneidet einen Stoff und singt dabei aus voller Brust ein Lied. Sie könnten sich auch noch vorstellen, wie sie sich in den Finger schneidet. Mehr ist dazu nicht nötig! Und jetzt bitte die Übung 21 in 2 Minuten.

Übung 21 (2 Minuten)

singen	– schneiden	töten	– arbeiten
lutschen	– denken	kreischen	– verleumden
stehen	– niesen	albern	– küssen
stoßen	– schreiben	essen	– lernen
achten	– husten	turnen	– hören

Sie werden gemerkt haben, daß sich die Bilder der Übung 21 genauso leicht einprägen wie in dem Kapitel

62

zuvor. Natürlich gibt es auch bei den Zeitwörtern konkrete und abstrakte Begriffe, die sich verschieden leicht einprägen. Ich habe aber absichtlich auf eine solche Unterteilung wie zuvor bei den Hauptwörtern verzichtet und lediglich bei den nächsten Übungen in zunehmendem Maße abstrakte Zeitwörter hinzugezogen. Doch dazu noch einige Beispiele, bevor wir weitergehen.
Bei *verehren–gefallen* stelle ich mir eine Person vor, die mir gefällt und die ich deshalb verehre. Zu *einmischen–beobachten* wiederum stelle ich mir zwei Personen vor, die Streit haben. Ich beobachte das Ganze und mische mich dann ein. Wenn ich die Begriffe *unterschreiben–bilden* höre, dann sehe ich mich, wie ich einen Ausbildungsvertrag unterschreibe, durch den ich mich weiterbilden kann.
Wenn Sie mit den folgenden zwei Übungen jetzt noch Schwierigkeiten haben sollten, dann liegt das nur daran, daß Sie sich Ihre Bilder nicht klar genug vorstellen. Sie müssen dann versuchen, Ihren Bildern mehr Schärfe zu geben. Assoziieren Sie bitte jetzt die Übungen 22 und 23 in der angegebenen Zeit.

Übung 22 (4 Minuten)

verdammen	– gähnen	zitieren	– organi-sieren
schießen	– erziehen		
gewinnen	– ermorden	besitzen	– falten
zanken	– danken	lesen	– produ-zieren
verehren	– gefallen		
anrufen	– mögen	schmecken	– senken
behalten	– verfolgen	regenerieren	– kühlen
assoziieren	– wünschen	einmischen	– beob-achten
wohnen	– heben		
verlieren	– riechen	gedenken	– behaupten
unter-schreiben	– bilden	achten	– bauen
		bedenken	– steigen

Übung 23 (6 Minuten)

anstreichen	– vermessen	schlachten	– vereinigen
beäugen	– schluchzen	abschätzen	– kehren
erstehen	– biegen	aus-	
mitgehen	– aktivieren	peitschen	– stecken
einsehen	– ankreiden	verzetteln	– schwärzen
spähen	– diskutieren	aufgeben	– achten
salzen	– beant-	bereichern	– hobeln
	worten	einkaufen	– bleiben
lotsen	– setzen	bürsten	– arran-
rauchen	– passieren		gieren
töten	– blasen	saugen	– ruhen
springen	– vereinen	harmo-	
hüpfen	– husten	nieren	– enden
verstehen	– verein-	feilen	– titulieren
	baren	mästen	– sägen
verkaufen	– verlieren	rangieren	– bangen
nieten	– holpern	ankommen	– schauen
angreifen	– créieren		

Die Methode, die ich in diesem Buch lehre, umfaßt das
Gedächtnis- und Konzentrationstraining. Aus diesem
Grunde müssen sich Übungen für das Gedächtnis und
Übungen für die Konzentration immer wieder abwech-
seln. Ich möchte Sie bitten, die folgenden 5 Übungen
sooft zu wiederholen, bis sich Ihr Gefühl der Routine
einstellt. Danach gehen wir über zu Eigenschaftswörtern.

Übung 24

Hier dasselbe mit Buchstaben. Der letzte Buchstabe ist
immer der Buchstabe Z.

A U S Q B
J H O Y C
L
D T M E V
X
W K P
R
G F N I Z

Übung 25

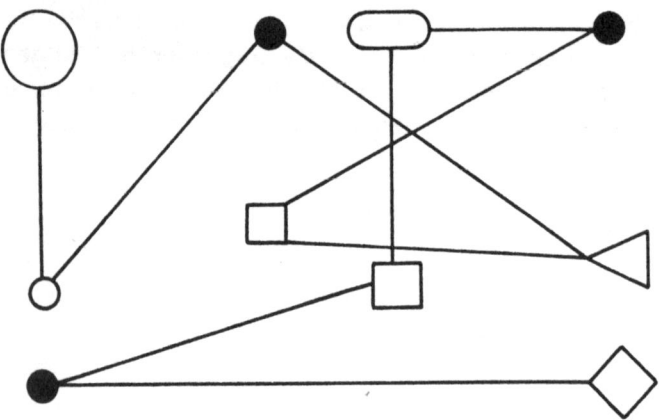

Übung 26
Unterstreichen Sie die Unstimmigkeiten

DBZU	VGRD	TGVD	OKHG
DBCU	WGRD	THVD	ÖKHG
VFDE	JNGT	UTDE	KLJT
VEDE	JNKT	UTDF	KLJY
VBFR	YAEZ	UJLP	FEOA
VBRR	TAEZ	UKLP	FEQA
LGJR	ZHNF	EDVB	ERTZ
LKJR	ZFNF	EFVB	IRTZ

Übung 27

(1) Auto	schnell	(2) zu Fuß
(1) Schreibheft	(2) Zeitung	drucken
(1) Montag	(2) heute ist Sonntag	ich gehe in die Kirche
tanzen	(1) Nachrichten	(2) Musik
(1) lachen	turnen	(2) springen
Geburtstag	(1) Wasser und Brot	(2) Kuchen
(1) grün	Himmel	(2) blau
(1) Hose	Anzug	(2) Schuh
(1) Bier	(2) Kekse	trinken
er ist überlastet	(1) faulenzen	(2) zuviel Arbeit

Übung 28
Wechseln Sie die Perspektive

66

Die Eigenschaftswörter: Sie werden es sicher schon gemerkt haben, daß ich noch keine Zeile über Sinn und Technik dieser Konzentrationsübungen geschrieben habe. Das hat seinen guten Grund, denn ich möchte Sie erst einige Erfahrungen sammeln lassen, bevor ich mich weiter dazu äußere. In Kapitel 3 werde ich erstmals dazu Stellung nehmen.

Haben Sie eigentlich schon darüber nachgedacht, was Eigenschaftswörter sind? Die Frage ist gar nicht so unberechtigt, wie Sie vielleicht glauben, denn normalerweise sprechen Sie die deutsche Sprache, ohne sich genauer über den Sinn und Inhalt der einzelnen Worte klarzuwerden.

Eigenschaftswörter, das werden Sie mir bestätigen, drücken grundsätzlich Eigenschaften aus. Es können aber nur Lebewesen und Gegenstände bzw. Dinge Eigenschaften besitzen. Also brauchen Sie hier genau wie bei den Verben diese Hilfsmittel, um Eigenschaftswörter bildlich darzustellen. An einem Beispiel demonstriert sieht das folgendermaßen aus:

Beispiel: süß–groß

Sie müssen die beiden Eigenschaften süß und groß irgendwie in einem Bild vereinigen und haben dazu zwei Möglichkeiten. Zum Beispiel sehen Sie aus der Sicht des kleinen Jungen den *süßen* und *großen* Lutscher. Hier greifen Sie zu *einem* Hilfsmittel, um beide Eigenschaften auszudrücken. Sie könnten sich aber auch unter süß Zucker und unter groß einen großen Baum vorstellen. Sehen Sie dabei, wie Sie an den großen Baum einen Sack süßen Zucker stellen. In diesem Fall haben Sie *zwei* Hilfsmittel benutzt, um die beiden Eigenschaften auszudrücken. Sie wählen sich natürlich immer das Beste für Ihre Assoziation aus.

Und nun zu der Übung 29 noch einige weitere Hilfen:

Bei *schnell–hart* sehen Sie einen *schnellen* Sportwagen mit *harter* Federung. Sie benutzen also *ein* Hilfsmittel, den Wagen. Unter *gemütlich–hell* stelle ich mir ein *gemütliches, helles* Zimmer vor. Dieses Zimmer stellt *ein* Hilfsmittel dar. Bei *freundlich–klein* sehe ich eine Lehrerin, die *freundlich* zu *kleinen* Kindern ist. In diesem Falle brauche ich *zwei* Hilfsmittel für beide Eigenschaften. Bitte gehen Sie jetzt die Übung 29 durch und achten Sie auf Ihre Zeit.

Übung 29 (2 Minuten)

süß	– groß	pfiffig	– kurz
schnell	– hart	mächtig	– angenehm
gemütlich	– hell	lustig	– gleißend
freundlich	– klein	langsam	– trocken
gerade	– sorgenvoll	sumpfig	– gespenstig

Erstaunlich einfach, das Ganze, nicht wahr? Natürlich geht es nicht immer so glatt ab, wie in dieser Übung. Auch ich habe heute noch hier und da Schwierigkeiten mit bestimmten Begriffen, zu denen mir kein allzugutes Bild einfällt. Aber im großen und ganzen gelingt es mir doch, solche Übungen zu speichern. Bitte *verlieren Sie niemals den Mut*, wenn es nicht so klappt, wie ich es erwarte. Sie müssen bedenken, Ihr natürliches Gedächtnis benutzen Sie bereits Ihr ganzes Leben lang. Um Ihr assoziatives Gedächtnis aber bemühen Sie sich erst *wenige* Tage. Vergleichen Sie Ihre Leistung immer mit dem Erlernen der Kurzschrift, die am Anfang teilweise mehr Mühe bedeutet als die Langschrift. Wenn Sie aber einmal die ersten Hürden der Kurzschrift genommen haben, dann werden Sie der Langschrift bei weitem überlegen sein und können sich gar nichts Besseres mehr vorstellen. Dieselbe Erfahrung machten vor Ihnen Tausende von Kursusteilnehmern immer wieder mit der Methode, die ich in diesem Buch lehre.

Spezielle Eigenschaften: Wir wissen bereits, wie man sich Eigenschaftswörter vorstellt. Was aber, wenn in Ihrer Übung Farben vorkommen? Nehmen wir dazu das Beispiel *rot–launisch.* Die Vorstellungskraft des menschlichen Geistes reicht aus, um vor dem geistigen Auge Farben zu sehen. Probieren Sie es einmal, Sie können sich grün, blau, rot usw. ohne Schwierigkeiten vorstellen. Sie brauchen sich also bei unserem Beispiel nur eine Person vorzustellen, die sehr *launisch* ist und dabei jedesmal *hochrot* anläuft. Ihr Gedächtnis ist dann in der Lage, auch nach Tagen die Farbe rot zu erkennen. Wenn es sich einmal um die Begriffe rechts und links handelt, dann versetzen Sie Ihre eigene Person in das Bild. Während Sie nun in Ihrer Assoziation mitwirken, beziehen Sie bei dem Begriff rechts die gesamte Handlung auf Ihre rechte Seite, bei links genau umgekehrt.

Inzwischen sind Sie soweit fortgeschritten, daß Sie sich ohne weiteres die Übung 30 zutrauen können. Achten Sie aber bitte wieder auf die vorgeschriebene Zeit.

Übung 30 (4 Minuten)

sagenhaft	– gelenkig	langsam	– abgehackt
wahr-		verkehrt	– nackt
scheinlich	– schwer	schwierig	– seltsam
furchtsam	– sonnenklar	vereint	– unwillig
rosa	– autark	robust	– lautstark
erstaunt	– doof	sittlich	– korrupt
fragwürdig	– dumm	rot	– launisch
spielerisch	– blau	einsam	– vorein-
rechts	– wahnsinnig		genommen
widerlich	– illustriert	anständig	– kalt
ebenbürtig	– großzügig	laut	– durstig

Es mag hier und da geschehen – Sie haben es vielleicht schon selbst erlebt –, daß in einer Übung eine

Wortkombination vorkommt, die sehr abwegig ist. Ich erwähne das deshalb, weil eine solche Kombination gleichzeitig auch aus dem normalen Rahmen fällt, den wir schon besprochen haben. So etwas muß für Sie nicht weiter problematisch sein. Im Gegenteil, hier können Sie erproben, wie »sattelfest« Sie bereits in der Assoziationstechnik sind. Wenn Sie nämlich die Hintergründe des Assoziationsverfahrens gut verstanden haben, dann bereiten Ihnen auch solche Übungen keine Schwierigkeiten mehr, weil Sie erkennen, was Sie tun müssen.
Bitte assoziieren Sie jetzt die Übung 31.

Übung 31 (6 Minuten)

günstig	– bedingt	bodenlos	– alles
klar	– allerliebst	vergessen	– weiß
viereckig	– abge-spannt	gewöhnlich	– ebenbürtig
verbrannt	– reif	grenzlos	– schwarz
mündig	– plötzlich	anders	– großspurig
unter-geordnet	– senti-mental	groß	– mager
verwegen	– gelb	viel	– schön
gemischt	– bewußt	angenehm	– schwach
ausge-stoßen	– lebendig	allein	– schnell
arm	– sündig	stark	– furchtbar
zart	– müde	gründlich	– ängstlich
schmutzig	– entfernt	kurz	– aufmerk-sam
warm	– schlimm	schmerzlos	– widerlich
voll	– gestrichelt	laut	– hoffnungs-voll
monatlich	– zahllos	wahnsinnig	– allerliebst

Inzwischen ist es wieder Zeit für die nächsten 5 Konzentrationsübungen.

Bitte arbeiten Sie die Übungen 32 bis 36 wie schon zuvor durch.

Übung 32
Gerade bzw. ungerade

55	75	64	34	88	56	32	54	67	71
56	43	50	90	65	01	04	53	76	54
98	56	44	17	83	73	51	85	49	31
46	36	87	43	82	63	73	91	63	74
48	93	62	43	12	26	12	64	72	83

Übung 33
Zählen Sie den Buchstaben e

Die Einleitung durch Verbalsuggestion und monotone, teils auch akustische Reize wird bei dieser Methode recht selten verwendet. Vestibuläre Reize haben wenn überhaupt nur noch historische Bedeutung. Faszinationsmethode und Verbalsuggestion sollten aus einer Reihe von Gründen hauptsächlich wegen der entstehenden Nachteile nur noch in ganz bestimmten Fällen benutzt werden.

51

Übung 34
Welche der 3 rechten Linien setzt sich links fort?

Übung 35
Kurzzeitgedächtnis

48362	58473	97414
76432	96852	14237
65845	96031	57045

Übung 36

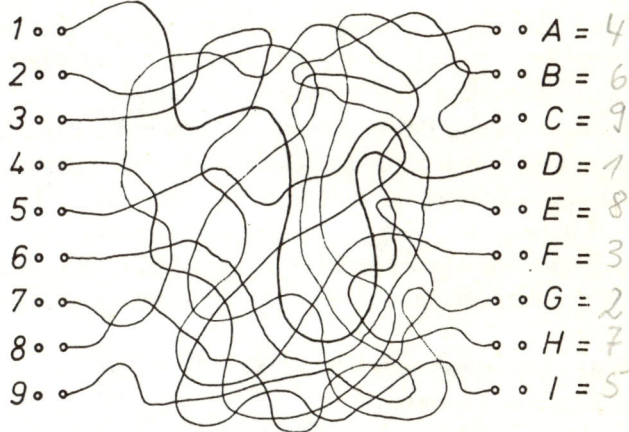

1 o o   o A = 4
2 o o   o B = 6
3 o o   o C = 9
4 o o   o D = 1
5 o o   o E = 8
6 o o   o F = 3
7 o o   o G = 2
8 o o   o H = 7
9 o o   o I = 5

Gemischte Übungen: Glauben Sie fest daran, daß Sie Ihr Gedächtnis verfünffachen können? Wenn nicht, dann sollten Sie dieses Buch in die hinterste Ecke Ihres Schrankes legen. *Keine Methode der Welt* kann Ihnen helfen oder nur sehr wenig, wenn Sie an ihren Fähigkeiten zweifeln. Nehmen Sie sich fest vor, das Ziel dieses Buches zu schaffen, *und Sie werden es schaffen!* Mit viel weniger Mühe, als Sie anfangs glaubten. Auch wenn Ihre Punktezahl zu den einzelnen Übungen manchmal die 80-Prozent-Grenze unterschreitet, ist das kein Grund aufzugeben, denn über eins müssen Sie sich im klaren sein: Die Zeitgrenze aller Übungen ist so abgesteckt, daß das Äußerste von Ihnen verlangt wird. Ich mache das deshalb, damit Ihnen die spätere Praxis um so leichter fällt.

Wir müssen uns jetzt mit gemischten Übungen befassen. Das heißt, daß die drei Wortarten, die wir vorher hatten, in *einer* Übung in gemischter Reihenfolge vorkommen. Sie finden also die zusätzliche Schwierigkeit vor, bei jedem Wort wissen zu müssen: war es ein Hauptwort, ein Zeitwort oder ein Eigenschaftswort? Nehmen wir einmal an, Sie wollten das Wort *kleinlich* assoziieren. Bei der Probe müssen Sie dafür Sorge tragen, daß Ihnen nicht der Begriff *Kleinlichkeit* einfällt. Die Erfahrung hat gezeigt, daß das menschliche Vorstellungsvermögen bei dem Wort kleinlich andere Akzente in das Bild legt als bei Kleinlichkeit. Meistens läuft diese Differenzierung unbewußt ab. Außerdem besitzen Sie noch immer das natürliche Gedächtnis, das ganz spontan den Unterschied zwischen kleinlich und Kleinlichkeit aufnimmt. Diese beiden Tatsachen wirken sich so aus, daß Sie bei der Probe ein ganz bestimmtes Gefühl haben: hier geht es um kleinlich und nicht um Kleinlichkeit.

Bitte überzeugen sie sich an der folgenden Übung 37 von meinen Worten.

Übung 37 (1 Minute)

mager	– Nebensache
Aussteuer	– Treibhaus
Toilette	– kleinlich
ähnlich	– Schuhverkäufer
zusätzlich	– flitzen

Zu den drei Wortarten der vorherigen Übungen kommt jetzt noch eine letzte hinzu. Es sind Verhältniswörter wie unter, zwischen, gegen, hinter usw. Diese Wörter sind gegenständlich genug, um sie bildhaft auszudrücken. So könnten Sie sich vorstellen, wie Sie *unter* einer Brücke sitzen, wie Sie *zwischen* zwei Häusern stehen oder wie Sie sich *gegen* eine Mauer lehnen. Es macht nicht mehr Mühe, diese Begriffe zu assoziieren, wie bei den konkreten Hauptwörtern.

Versuchen Sie sich jetzt bitte an der Übung 38.

Übung 38 (1 Minute)

Splitter – sausen
hinter – Birke
zwischen – bunt
Same – gegen
laufen – unter

Übrigens gibt es nur wenige abstrakte Verhältniswörter, die in der deutschen Sprache vorkommen. Hier müssen Sie wieder die Körpersprache hinzuziehen und in Symbolen arbeiten. Bei dem Begriff *für* zum Beispiel würde ich mir ein Kind vorstellen, dem ich etwas schenke. Während ich dem Kind das Geschenk überreiche mit den Worten: »Hier, das ist *für* dich«, sehe ich meine »überreichende« Handbewegung von mir weg hin zum Kind. Handelt es sich einmal um das Wort *mit,* dann stelle ich mir einen kleinen Jungen vor, der der Mutter bedeutet: »Ich möchte mitgenommen werden.« Da dem Jungen die entsprechenden Worte noch fehlen, klammert er sich einfach an den Rock der Mutter und sagt: *Mit!*

Nach diesen Ausführungen fällt Ihnen die Übung 39 sicherlich nicht mehr schwer.

Übung 39 (2 Minuten)

lose	– Vase	Krug	– für
Beule	– lieben	Ordnung	– beschleunigen
angenehm	– bauschig	klopfen	– schwarz
Elster	– weich	über	– rutschen
hinter	– Zelt	Lederhose	– blühen

In der Kleinanzeige einer Lokalzeitung war eines Tages folgendes zu lesen: Auf dem Parkplatz unseres Verlagshauses ist ein Gebiß gefunden worden. Melden Sie sich bitte beim Pförtner und lachen Sie ihn an. *Dann kriegen* Sie es *wieder!*

Nun, lachen sollte man viel öfters, meinen Sie nicht? Wenn Sie nur einen Teil der nächsten Übung mit lustigen Bildern assoziieren, dann wird sie Ihnen viel leichter fallen. Ich sollte Ihnen sagen, daß Sie nur bis zum 5. Kapitel dieses Buches ungebunden in Ihren Assoziationen sind. Nutzen Sie deshalb die Möglichkeiten aus, die Sie noch haben. Stellen Sie sich die absurdesten, lustigsten und komischsten Bilder vor, und Ihr Gedächtnis wird präzise funktionieren.

Machen Sie jetzt bitte die Übung 40 als Abschlußübung zu Kapitel 3 und stellen Sie sich auch einige lustige Bilder vor.

Übung 40 (6 Minuten)

raus	– Dummheit	Donner-	
Verteilung	– Nutzung	wetter	– leichter
zwischen	– Deutsch	Platzmiete	– Schwank
zänkisch	– verurteilen	Sekte	– sicher
Proportion	– Dunst	lachen	– dazu
Absatz	– mitgehen	größer	– davon
natürlich	– Technik	rosa	– Zahl
für	– Netz	Zitrone	– trachten
fliegen	– ausliefern	schwieriger	– Kellner
hehlen	– Fischerei	Meise	– Gedächtnis
Methode	– Eieruhr	Proportion	– zensieren
mit	– darunter	korrigieren	– Dienst
verschonen	– verflixt	fortwährend	– besser
erdreisten	– Schenke	Lampen-	
Sehne	– darunter	fieber	– Vision
überhaupt	– Mieter	nieder	– Mitte

4. Kapitel:
Die Kettenmethode und lange Ketten

Es sagte ...
ein Autofahrer, der endlich einen Parkplatz gefunden
hatte: »Das hätten wir! Jetzt müssen wir nur noch her-
ausfinden, *welche Stadt das ist.*«
Gehören Sie zu den Personen, die Schwierigkeiten
haben, sich mit dem Auto in einer unbekannten Gegend
zurechtzufinden? Wenn ja, dann wird sich das in diesem
Kapitel schlagartig ändern. Reiserouten, die Sie nur
einmal gefahren sind, werden Sie ohne Schwierigkeiten
zurückverfolgen können. Noch so komplizierte Strecken
in einer Stadt werden für Sie eine Kleinigkeit mit der
Kettenmethode, die ich Ihnen nun schildern möchte.
Aber nicht nur Reiserouten werden Sie mit Leichtigkeit
bewältigen, sondern auch Einkaufszettel und Bega-
bungstests aller Art.
Wenn Sie sich die bislang erlernte Technik vor Augen
rufen, dann waren es immer zwei Begriffe gewesen, die
Sie in einem Bild assoziierten. Ab jetzt aber assoziieren
Sie mindestens 3 Begriffe bzw. 20 oder 30 oder 40 und
mehr in *einem Bild,* wobei die richtige Reihenfolge beachtet werden muß. Das Prinzip dazu ist die Erweite-
rung der vorherigen Technik, und ich möchte Sie Ihnen
an dem folgenden Beispiel erläutern.
Beispiel: *Auto–Laterne–Fluß–Hut–Dach–Huhn–Busch...*
usw.
Wenn ich Ihnen das Wort Auto nennen würde, dann
müßten Sie in der Lage sein, sich an die folgenden 6
Begriffe in der *richtigen Reihenfolge* zu erinnern. Kein
Wort darf fehlen oder mit einem anderen vertauscht

werden. Das hört sich schwierig an, ist es aber nicht. Sie haben doch sicher schon einmal einige Seiten in einem Comic gelesen. Hier wird der größte Teil einer Geschichte in Bildserien wiedergegeben. Wenn Sie darüber nachdenken, dann waren Sie jedesmal in der Lage, diese Geschichte lückenlos zu erzählen. Ihr Gedächtnis hatte also den Inhalt fehlerfrei aufgenommen, ohne daß Sie große Schwierigkeiten damit hatten. Der Grund ist leicht zu verstehen, denn Ihr Gedächtnis erinnerte sich fast ausschließlich an die *Bildserien* und nicht an die Worte in den Sprechblasen. Diese Bildserien waren so gezeichnet, daß Sie den Inhalt wiedergeben konnten, und zwar vollständig.

Wenn es uns nun gelingt, für die obere Wortkette eine ganz bestimmte, gute Bildserie aufzubauen, dann werden sich diese Wörter leicht einprägen lassen.

Stellen Sie sich also einmal ein *Auto* vor. Vielleicht denken Sie an Ihren eigenen Wagen oder an den des Nachbarn. Sehen Sie, wie dieses *Auto* fährt, und zwar in Ihrem Bild von *links* nach *rechts*. Ganz *rechts* steht eine *Laterne*, gegen die das Auto mit großer Geschwindigkeit prallt. Natürlich kippt die *Laterne* sofort um. Da wiederum *rechts* von der Laterne ein *Fluß* ist, fällt die Laterne in ihn hinein. In dem *Fluß* schwimmt aber ein *Hut* der nun herausgeschleudert wird. Weiter *rechts* landet er auf einem *Dach*, und auf diesem *Dach* sitzt ein *Huhn*. Sehen Sie, wie das *Huhn* nach *rechts* hin erschreckt von dem Dach flattert und in einem *Busch* landet. Das ist Ihre Bildserie, die Sie sich vorstellen sollten.

Der Verstand und das Gedächtnis sind wahre Wunderwerke der Natur. Sie können beide mit einem riesigen Elektronengehirn vergleichen. Wenn Sie eine Liste von Vorgängen, Tatsachen oder Gegenständen in Ihrem Gedächtnis speichern, dann bleiben sie für fast unbegrenzte Zeit in der Erinnerung. Auch die eben besprochene Wortkette ist bereits unauslöschlich in Ihrem Gedächtnis verankert. Denken Sie noch einmal an das Auto und schon taucht vor dem geistigen Auge die Laterne auf, gegen die das Auto fuhr. Die Laterne wiederum sehen Sie in den Fluß fallen, wo ein Hut schwimmt. Als nächstes taucht das Bild auf, wie der Hut herausgeschleudert wird und auf dem Dach landet. Dort sehen Sie schon das Huhn, welches erschreckt in den Busch flattert.

Eine einfache Sache, nicht wahr? Aber damit nicht genug. Wenn Sie jetzt an das letzte Wort, nämlich an den Busch denken, dann sind Sie in der Lage, die Kette *rückwärts* abzurufen. Probieren Sie es, Sie werden erstaunt sein.

Sie haben schon erkannt, warum ich die Bildserie von links nach rechts aufgebaut habe. Das ist ein guter Kniff, die Reihenfolge festzulegen. Jeder *weiter rechts* folgende Begriff entspricht in der *richtigen Reihenfolge* dem nächsten Wort in Ihrer Kette. Genauso, wie Sie die Wörter von links nach rechts niedergeschrieben sehen, so sind sie symbolisiert ebenfalls von links nach rechts in Ihrer Bildserie wiedergegeben. Das ist alles, um die Reihenfolge exakt einzuhalten.

Kurze Ketten: Die erste Übung, die wir nun machen werden, besteht aus Dreier-Ketten. Insgesamt sind es fünf Stück, die Sie in $1^1/_2$ Minuten bewältigen sollen. Sie achten wieder auf die richtige Reihenfolge, indem Sie Ihr Bild von links nach rechts aufbauen. Bei der Probe schauen Sie sich jeweils das *erste Wort* einer Kette an, und rufen die nächsten zwei Begriffe aus Ihrem Gedächtnis ab.

Zum Beispiel stellen Sie sich einen *Lehrer* vor, der Knochen nach rechts hin wegwirft, die dann dort in *Teile* zerfallen. Dann nehmen Sie sich die nächste Zeile vor. Erst zum Schluß decken Sie Ihre Übung zu und machen die Probe.

Übung 41 (1 $^1/_2$ Minuten)

Lehrer–Knochen–Teile
Harke–Hefte–Tinte
Platte–Zunge–Ausfall
Wasser–Gelächter–Düfte
Zellen–Gewicht–Sterblichkeit

Etwas schwieriger ist die Übung 42, denn hier treten die Begriffe wieder gemischt auf. Zu der Kette *Lied–singen–hinter* würde ich mir eine Oper vorstellen, wo der Sänger ein *Lied singt*. Er steht dabei *hinter* einem Baum. In ähnlicher Weise verfahren Sie bitte mit der gesamten Übung 42.

Übung 42 (1 $^1/_2$ Minute)

Lied–singen–hinter
rechts–blau–links
Leier–Lid–näseln
Geifer–süßer–stehlen
Güte–bestens–brav

Sie sehen, dadurch daß Sie die einzelnen Begriffe gedanklich miteinander verketten, bleiben sie auf elegante Art in Ihrem Gedächtnis haften. Ich verzichte bewußt darauf, daß Sie die Probe auch rückwärts machen, denn dazu sind die Ketten noch zu kurz. Wenn wir uns etwas später mit sehr langen Ketten befassen, dann werde ich Sie bitten, jedesmal die Probe *vor-* und *rückwärts* zu machen. Bis wir aber soweit sind, möchte ich die Länge der Ketten systematisch erhöhen. Bitte machen Sie jetzt die Übungen 43 und 44.

Übung 43 (2 Minuten)

Würstchen–starten–quer–davor
neben–Dinge–sprunghaft–Ziel
staunen–stiebitzen–Sarg–weiß
zittern–verrufen–Sorgen–steil
dichter–länger–Glück–letztens

Übung 44 (2$^1/_2$ Minuten)

Traktor–Kraft–Strümpfe–Ringe–Deckel
Schweigsamkeit–Trompete–Taschentuch–Uhr–Dauer
Bäcker–Hände–Spiel–Wiegen–Lässigkeit
Flöten–Schutz–Dosen–Igel–Jahre
Bekenntnis–Zweig–Karten–Traufe–Oase

Ein neuer Patient: »Herr Doktor, ich kann mich so schlecht konzentrieren. Was ich mir im Moment merke, das habe ich im nächsten Augenblick schon vergessen. Was soll ich bloß tun?« – »Im voraus bezahlen!«
Nun, ich kann den Arzt verstehen, der im voraus die Bezahlung der Behandlung fordert. Aber ich kann mir nicht vorstellen, wie dieser Arzt mit medizinischen Mitteln die Konzentration des Patienten verbessern wollte. Sie stimmen mir sicher zu, daß man dazu eine besondere Art von Übung braucht, in der Art z. B., wie Sie sie in diesem Buch vorfinden.
Ich hatte davon gesprochen, in diesem Kapitel über Sinn und Zweck solcher Übungen zu schreiben und möchte das im Anschluß an die folgenden 5 Übungen tun. Wie Sie diese Übungen zu behandeln haben, wissen Sie ja bereits. Arbeiten Sie sie bitte bis zur Routine durch.

Übung 45 Die letzte Zahl ist 33

3		13	5	16 / 9 23	21
25 8	18 / 30		29	12	26
11	28		22	32	27
24	6 / 14	19	10 / 17	31 7	
2 33	20	4	15	1	

Übung 46

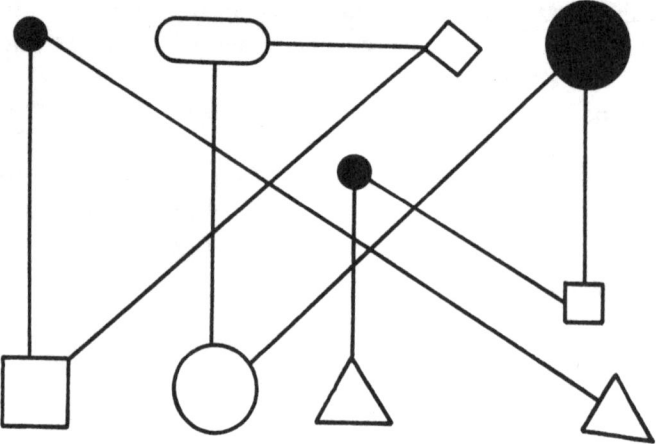

Übung 47
Unterstreichen Sie die Unstimmigkeiten

DJERV	DJFHR	GJDBC	UTHFR
DIERV	DJEHR	GLDBC	UTZFR
DJVNE	ONJEL	ÄÖEUC	ZIBYS
AJVNE	ONKEL	AÖEUC	CIBYS
DKNÄR	ZIWQX	KOAVE	GJDNE
DKMÄR	ZLWQX	KOAWE	DJDNE
DJFNR	TJGNE	RUCGE	RHFBE
DKFNR	TZGNE	PUCGE	RMFBE

Übung 48

nähen	(1) Kordel	(2) Garn
(1) stopfen	Strumpf	(2) basteln
viel gewonnen	(1) er hat Glück	(2) Pechvogel
(1) das ist sehr leicht	schlau	(2) er ist schon fertig
(1) warten	wo bleibst du?	(2) er ist schon gegangen
Es ist sehr weit	(1) nebenan	(2) Ausland
(1) Fernsehgerät	(2) Buch	viel gelesen
(1) immer diese Hetze	komm schnell	(2) wir haben Zeit
(1) im Tal	gute Übersicht	(2) ein hoher Hügel
er schreibt schnell	(1) viel Übung	(2) wie im Kindergarten

Übung 49
Wechseln Sie die Perspektive

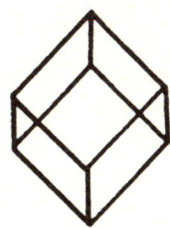

Sie haben ganz sicher beobachtet, daß ich Ihnen als erstes immer die Kästchenübung gebe, bei der Sie Zahlen oder Buchstaben zählen sollen. Bei jeder Zahl und jedem Buchstaben, die Sie beim Überfliegen des Feldes erfassen, müssen Sie eine Entscheidung treffen, nämlich richtig oder falsch. Dabei fallen Ihnen die Buchstaben wesentlich leichter, weil es sich hier um *ein* Zeichen handelt – es ist also nur *eine* Entscheidung notwendig –, während es sich bei den zweistelligen Zahlen um zwei Zeichen handelt, für die Sie *zwei* Entscheidungen treffen müssen. Im letzteren Fall braucht Ihr Verstand zwangsläufig die doppelte Zeit. Wenn Sie nun diese Übungen sehr oft durchführen, dann merken Sie, daß Sie für diese Zahlen und auch Buchstaben ein ganz »besonderes Gefühl« bekommen. Sie entwickeln ein *anders gelagertes Verhältnis* als zuvor. Dieses Verhältnis ist wesentlich konkreter, Ihr Unterbewußtsein schaltet sich stärker ein und hilft Ihnen, die richtigen Entscheidungen zu treffen. Die Folge davon ist, daß die Zahl Ihrer Flüchtigkeitsfehler zurückgeht, einfach deshalb, weil diese Buchstaben und diese Zahlen nicht mehr die abstrakten Gebilde sind wie früher. Das überträgt sich natürlich auch auf Texte und Zahlenmaterial jeder Art, auch hier wird Ihr Unterbewußtsein von nun an stärker mitwirken und Ihnen unterlaufen dann nicht mehr so viele Flüchtigkeitsfehler wie zuvor.

Verstehen Sie jetzt, warum ich Ihnen jedesmal nahelege, ein Gefühl der Routine zu entwickeln? Dieses Gefühl der Routine ist Ihr neues Verhältnis zu Zahlen und Buchstaben, das sich von Übung zu Übung weiterentwickelt.

Lange Ketten in der Praxis: »Das menschliche Gedächtnis ist immer gegenwärtig, bereit und willens zu helfen – wenn wir es doch nur öfter in Anspruch nehmen würden!«
Roger Broille

Vielleicht erinnert dieser Ausspruch von *Roger Broille* daran, wie stiefmütterlich Sie Ihr Gedächtnis behandeln. Ist es für Sie nicht auch in den meisten Fällen bequemer, einen Zettel zur Hand zu nehmen und sich alles zu notieren, oder gehören Sie zu den wenigen, die immer und überall versuchen, ihr Gedächtnis zu benutzen? Ich glaube, Sie werden zu der ersten Kathegorie von Menschen gehören, die sich alles notieren, um es zu behalten. (Behalten?!?). Sie stimmen mir nicht zu? Nun gut, ich kann es Ihnen beweisen. Wann waren Sie das letzte Mal einkaufen gewesen? Vielleicht an einem Wochenende, an dem Sie eine größere Anzahl von Dingen eingekauft haben. Sehen Sie noch Ihren *Einkaufszettel*, der Ihr Gedächtnis entlasten mußte? Oder wann haben Sie einmal einen wichtigen Termin *nicht* aufgeschrieben und sich auf Ihr Gedächtnis *verlassen*? Nun, wahrscheinlich noch nie, denn Sie mißtrauen Ihrem Gedächtnis sehr und damit Ihren eigenen Fähigkeiten.

Ich will Sie an dieser Stelle natürlich nicht dazu auffordern, immer und überall alles und jede Kleinigkeit zu behalten. Aber Sie sollten es sich zutrauen, eine Liste mit 30 Posten und mehr oder eine Reiseroute mit 40 markanten Punkten in nur wenigen Minuten in Ihr Gedächtnis aufzunehmen. Ihr Gedächtnis ist dazu ohne weiteres in der Lage mit der *Kettenmethode*, die in diesem Kapitel behandelt wird.

In der Übung 50 finden Sie drei Zehner-Ketten vor. Die 3 Minuten beziehen sich auf die gesamte Übung, für jede einzelne Kette haben Sie also 1 Minute Zeit. Nach diesen 3 Minuten dürfen Sie sich jeweils das erste Wort anschauen (in unserem Falle Seide, Sarg, Stillstand) und müssen dann in der Lage sein, diese Kette vor- und rückwärts zu wiederholen. Denken Sie an unser Beispiel Auto–Laterne–Fluß . . . usw. und Sie werden keine Schwierigkeiten haben.

Übung 50 (3 Minuten)

Seide–Schallplatte–Zitronen–Eigenschaft–Verluste–
Regenschirm–Zigarette–Wohlbefinden–Ohrringe–Blut.

Sarg–Stangen–Befund–Kino–Fahne–Ecke–Spaß–
Pfanne–Brett–Zylinder.

Stillstand–Ärmel–Erbarmen–Kübel–Tat–Erdreich–
Wartesaal–Nahkampf–Stiel–Ziel.

Sie sehen, Ihr Gedächtnis leistet das, was Sie von ihm
verlangen. Bitte machen Sie jetzt in der gleichen Art die
Übung 51.

Übung 51 (3 Minuten)

Milch–schwer–fallen–suchen–Geräte–rosa–träumen–
zerfließen–untergeordnet–Zahl.

Richtig–verliebt–Treffer–grün–rechts–Ende–Monat–
fliegen–gießen–Tier.

Rauh–Nebenzimmer–Austausch–breit–schälen–
ankreiden–Billard–froh–hinter–zwischen.

Nach diesen Übungen möchte ich Sie dazu auffordern,
einen kleinen Seitensprung in die Praxis zu unterneh-
men. Ich spreche deshalb von Seitensprung, weil die
eigentliche Praxis erst in Kapitel 6 beginnt.
Die Übung 52 besteht aus einem Einkaufszettel mit 20
Dingen, die man einkaufen könnte. Normalerweise würden Sie als Hausfrau oder auch als »Hausmann« rasch
zu einem Blatt Papier greifen, um diese riesige Liste zu
notieren. Wir wollen aber an dieser Stelle die 20 Posten
der Liste assoziieren und speichern. Als zusätzliche
Schwierigkeit sollen Sie darauf verzichten, bei der
Probe das erste Wort nachzuschauen. Sie gehen des-

halb hin und verbinden Ihre *eigene Person* mit dem ersten Wort der Kette, der Wurst. Hinterher wissen Sie dann, daß diese Kette mit Ihrer Person beginnt. Vielleicht hatten Sie sich vorgestellt, wie Sie Unmengen an *Wurst* essen oder wie Sie eine viel zu große Wurst in Händen halten. Bei der Probe würden Sie wieder sehen, wie Sie die Wurst essen und hätten schon das erste Wort der Kette. Dann stellen Sie sich weiter vor, wie Sie die *Wurst* auf *Brot* legen, damit es besser schmeckt. Da der Geschmack noch zu fad ist, legen Sie einige Blätter *Salat* hinzu. Hierbei fallen Ihnen mehrere *Eier* aus dem Regal in die *Margarine*. Sie streuen *Gewürze* darauf, damit es nicht mehr auffällt und stellen dann den Streuer zu den *Äpfeln*. Da entdecken Sie zwischen den Äpfeln einige *Zwiebeln*, die hier gar nicht hingehören. Sie räumen die Zwiebeln weg und schaffen so Platz für einige *Schokoladentafeln*, die Sie dort hinlegen. Beim Anblick der Schokolade bekommen Sie Appetit auf *Kuchen*, auf den Sie etwas *Quark* mit *Haferflocken* geben usw.

Sie setzen dieses Bild bitte selber weiter fort, fangen aber noch einmal von *vorne* an. Hierbei können Sie natürlich die gleichen Bilder benutzen, wie ich es tat. Halten Sie aber bitte die 2 Minuten streng ein.

Übung 52 (2 Minuten)

Wurst-Brot-Salat-Eier-Margarine-Gewürze-Äpfel-Zwiebel-Schokoladentafeln-Kuchen-Quark-Haferflocken-Zigaretten-Kartoffeln-Tabletten-Zwieback-Knöpfe-Nüsse-Gans-Fische.

Haben Sie daran gedacht, die Liste auch rückwärts abzurufen? Hierbei wäre für Sie der *Fisch* das erste Wort. Bei der nächsten Übung 53 handelt es sich um eine Reiseroute. Ich hatte schon davon gesprochen, daß Sie in der Lage sind, bis zu 40 *markante Punkte* einer solchen Strecke zu assoziieren. In unserem Falle sind es nur 25, die wir in zwei Bilder unterteilen werden. Wie üblich stehen Sie selbst am Beginn dieser Kette. Nach etwa 10 bis 15 Wörtern brechen Sie ab und schieben dieses Bild *ganz beiseite.* Sie fangen nun mit den folgenden 10 bis 15 Begriffen ein *neues Bild* an, das in einem ganz anderen Milieu aufgebaut wird, das Sie vielleicht in einer ganz anderen Perspektive sehen. Dabei brauchen Sie gewissermaßen eine »Brücke«, um von dem ersten Bild auf das zweite zu gelangen. Die Brücke besteht darin, daß das letzte Wort in dem ersten Bild auch gleichzeitig das erste Wort in dem zweiten Bild ist. Mit anderen Worten, wenn Sie das erste Bild mit Flughafen aufhören, dann beginnen Sie das zweite Bild wieder mit Flughafen.

Sie werden sich an dieser Stelle sicherlich fragen, warum diese umständliche Sache mit den zwei Bildern. Kann ich nicht ein Bild benutzen, um die Kette zu assoziieren? Ganz bestimmt können Sie das, aber Sie laufen dann Gefahr, den Überblick zu verlieren. Wenn Sie nämlich 15 oder 20 Begriffe in ein Bild hineinbringen, dann werden Ihre Assoziationen labil, dann haben Sie nicht mehr das sichere Gefühl, den Überblick zu behalten. Unterteilen Sie aber in die jeweils nötige Anzahl Bilder, dann bleiben Ihnen die Sicherheit und der Überblick erhalten.

Soweit zur Technik des Assoziierens. Zu der Reiseroute selbst ist aber auch noch einiges zu sagen. Wenn Sie zum Beispiel in eine andere Stadt wollen, und diese Strecke noch nie gefahren sind, dann versuchen Sie normalerweise, sich den Weg irgendwie einzuprägen, damit Sie auch wieder zurückfinden. Meist orientieren sich dabei erfahrene Fahrer an auffallenden Punkten in der Landschaft. Vielleicht achten Sie auf einen großen Turm oder einen See, dann müssen Sie über eine alte

Brücke und an einem Rathaus vorbei usw. In der Übung
53 sind die markanten Orientierungspunkte einer fin-
gierten Strecke aufgezählt. Hätten Sie sie in der richtigen Reihenfolge im Gedächtnis gespeichert, dann
könnten Sie sich auf dieser Strecke bei der Rückfahrt
gut zurechtfinden, denn Sie wissen, daß Sie eine asso-
ziierte Kette auch rückwärts abrufen können. Sie haben
es in der Praxis sogar noch leichter, denn hier sehen
Sie in der Landschaft bereits den Turm, die Brücke etc.
und brauchen diese nicht mehr mit Ihrer Phantasie zu
konstruieren.
Ich möchte Sie nun bitten, die Übung 53 in $2^{1}/_{2}$ Minuten
zu speichern.

Übung 53 ($2^{1}/_{2}$ Minuten)

Rathaus–Brücke–Platz–Denkmal–Auffahrt–
Unterführung–Berg–Bahnschranke–Ampel–Wald–
Fernsehturm–Flughafen–Baugelände–Rennbahn–Burg–
Hochhaus–Polizeihauptwache–Jahrmarkt–Teich–
Wiese–Eiche–See–Friedhof–Bahnhof–Kirche.

Geistige Reaktionsschnelle: Bitte arbeiten Sie sich
nun intensiv die nächsten 5 Konzentrationsübungen
durch. Anschließend werden wir die Übung 54 besprechen.

Übung 54
Gerade bzw. ungerade

47	36	47	86	23	33	96	05	25	54
74	43	23	84	94	03	56	37	28	15
36	38	94	74	59	73	53	14	26	35
47	37	84	96	88	64	65	33	15	23
46	32	86	90	05	74	03	61	46	68
47	84	21	59	07	64	35	43	57	44

Übung 55
Zählen Sie den Buchstaben a

Durch die Höhe wird ein (siehe unter anderem auch die Anmerkung oben) beliebiges sphärisches Dreieck berechnet. Die Neperschen Analogien lassen sich auf diese Weise im allgemeinen umgehen. Die Grundlage der analytischen Geometrie besteht darin, daß geometrische Untersuchungen rechnerisch geführt werden. Dieses Verfahren hat sich als außerordentlich fruchtbar erwiesen. Algebraisches Denken in Verbindung mit funktionalem Denken . . .

Übung 56
Welche der 3 rechten Linien setzt sich links fort?

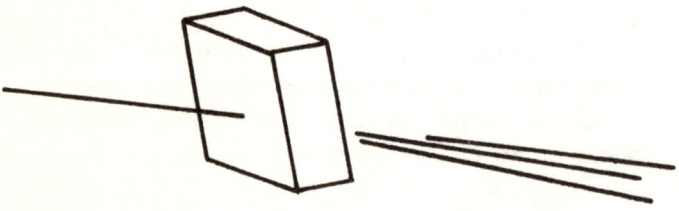

Übung 57
Kurzzeitgedächtnis, hier allerdings mit Buchstaben

abgjcd	fjrnce	phkgtc
dnctsg	onjfrq	veaxjr
ibmfze	bfdökä	bzwadq

Übung 58

Bei der Übung 54 müssen Sie fortlaufend Entscheidungen darüber fällen, ob eine Zahl gerade oder ungerade ist. Da Sie das immer an der letzten Ziffer feststellen, ist für Sie die Länge der Zahl kaum von Bedeutung (Sie werden es merken, wenn wir uns mit dreistelligen Zahlen befassen). Eine solche Übung bewältigen Sie um so schneller, je schneller Sie Ihre Entscheidungen treffen. Die Geschwindigkeit, mit der Sie die Entscheidungen treffen, hängt von Ihrer geistigen Reaktionsschnelle ab. Ähnlich wie bei der zuvor schon besprochenen Konzentrationsübung entwickeln Sie für die *geraden* und *ungeraden Enden* der Zahlen ein differenziertes Gefühl. Nach und nach schaltet sich wieder Ihr Unterbewußtsein ein und Ihre Fehlerzahl sinkt. Die Entscheidung zwischen gerade und ungerade wird mit der Zeit *automatisch* vonstatten gehen, wodurch sich Ihre Geschwindigkeit wesentlich erhöht.

Ich möchte an dieser Stelle noch eine Übung einfügen, bei der Sie eine weitere Liste von 30 Dingen behalten sollen. Vielleicht versetzen Sie sich einmal in den Beruf des Kriminalbeamten, der aus einem Mordfall 30 Indizien zusammengetragen hat. Teilen Sie die Kette in zwei oder drei Bilder auf und speichern Sie sie bitte in 3 Minuten. Stellen Sie sich vor, von Ihrem richtigen Ergebnis hängt die Aufklärung eines Verbrechens ab.

Übung 59 (3 Minuten)

Feuerzeug–Kamm–Nagel–Kordel–Schlips–Bleistift–
Schere–Flasche–Geldschein (blau)–Zeitung–
Aschenbecher–Notizblock–Bleistiftspitzer–Nagellack–
Nadel–Feile–Glas–Handschuh–Kabel–Streichhölzer–
Taschentuch–Tuschestift–Ring–Faden–Kette–
Taschenlampe–Heft–Kugeschreiber–Radiergummi–
Buch.

Betrachten Sie zum Abschluß des 4. Kapitels die Übung 60 als Generalprobe. Sie haben in dieser Übung 40 Begriffe gemischt zusammengestellt und erfassen damit noch einmal alle Techniken der vorherigen Lektionen. Bitte versuchen Sie, die Übung 60 so gut wie möglich zu bewältigen.

Übung 60 (4 Minuten)

Spule–eckig–grün–gesund–natürlich–oft–verbinden–
hängen–hemdsärmelig–nackt–Hosenträger–in–
schielen–unter–damit–sonnig–Schluß–Verwaltung–
zischen–blau–unerhört–verraten–Nasenbein–
städtisch–Erfahrung–pachten–verkümmern–vorzeitig–
probeweise–links–schwarz–darüber–fesch–rechts–
General–Bewerbung–Arroganz–bewegen–Mittag–
Mondgesicht.

Gehen Sie nun zu unserem Test am Anfang des Buches zurück und machen Sie die Übung 4 ein zweites Mal.

5. Kapitel: Das kleine Zahlensystem

Autos, Flugzeuge, technische Haushaltgeräte, alles muß heutzutage verbessert werden, weiterentwickelt sein, sonst taugt es nichts, sonst halten wir nicht viel davon. Dabei wird meistens das wichtigste, die Verbesserung der eigenen Fähigkeiten, wie zum Beispiel das Gedächtnis, übersehen. Nur wenige raffen sich dazu auf, das Gedächtnis zu trainieren, ja, die meisten glauben sogar noch immer, das Gedächtnis sei eine statische Größe, von der Geburt an unveränderlich mitgegeben. Viele Menschen sind einfach zu bequem, ihr Gedächtnis zu trainieren. Dabei machen sie auch nicht halt davor, Methoden aller Art, die geistige Fähigkeiten weiterentwickeln, als faule Tricks und faulen Zauber hinzustellen. Wenn ich mir auf einer Vorführung zum Beispiel 60 Zahlen gemerkt habe und sie richtig wiedergebe, dann gibt es immer noch Personen, die versuchen, andere Erklärungen dafür zu finden als die einzig richtige, nämlich die des trainierten Gedächtnis. So zum Beispiel anläßlich einer Vorführung im Hotel Regent in Köln, wo ein Herr des Auditoriums versuchte, mir nachzuweisen, ich würde kleine Taschenspiegel benutzen, durch die ich die Zahlen auf der Tafel, der ich den Rücken zukehrte, sehen würde. Natürlich gelang ihm dieser Nachweis nicht, da ich niemals solche Tricks benutze. Eine andere Person kam einmal auf die absurde Idee, ich würde mich vor Beginn einer Vorführung in Hypnose versetzen lassen und könnte anschließend vermittels Telepathie die richtigen Begriffe und Zahlen erraten.

Es gelingt mir aber anschließend doch immer, solche Skepsis mit einem Schlage vom Tisch zu fegen, indem ich diese Damen und Herren dann bitte, vor der Tafel Platz zu nehmen und unter meiner Anleitung eine ähnliche Vorführung selbst zu geben. Dabei benutze ich ein ganz bestimmtes, leicht zu erarbeitendes *Kennwortsystem,* das ich Ihnen an dieser Stelle schildern möchte.

Die Zahlensymbole: Ihre Aufgabe soll sein, sich neunzehn verschiedene Begriffe in Verbindung mit neunzehn Zahlen zu merken, nachdem sie Ihnen ungeordnet *einmal* zugerufen worden sind. Sie müssen also anschließend in der Lage sein, die neunzehn Begriffe in der richtigen *Reihenfolge* in Verbindung mit der richtigen *Zahl* wiederzugeben. Das scheint schwierig, ist aber sehr leicht mit dem *kleinen Kennwortsystem.* Wir werden dazu übergehen, den Zahlen $1/2$, 0, 1, 2 usw. bis 17 eine gegenständliche Bedeutung zu geben, so daß Sie in der Lage sind, auch Zahlen zu assoziieren.
Wichtig ist, daß die Kennworte für diese Zahlen sehr leicht zu behalten sind, und daß Ihnen die Handhabung keine Schwierigkeiten bereitet. Aus diesem Grunde sind die Kennworte so gewählt, daß ihre zeichnerische Darstellung dem Schriftbild der Zahl nahekommt. Diese Symbole stellen also ein *optisches* System dar.
Hier nun die Kennwortliste von $1/2$ über 0 bis 17.

Bei ¹/₂ stellen Sie sich einen *Preßlufthammer* vor, der Quergriff symbolisiert den Bruchstrich, der obere Teil die 1, der untere Teil die 2. Die 0 hat starke Ähnlichkeit mit einer *Seifenblase*. Für 1 sehen Sie einen erhobenen *Zauberstab* oder *Stab*. Die Form eines *Schwans* erinnert an die 2. Die 3 wird dargestellt durch ein dreiblättriges *Kleeblatt*. Bei 4 nehmen Sie einen *Stuhl*, der 4 Beine hat. Die 5 stellen Sie sich als *Hand* vor. Bei der 6 hat ein *Elefant* seinen Rüssel nach unten hin eingerollt. Für die 7 nehmen wir eine *Fahne*, die aus einem Fenster heraushängt. Die Form einer *Eieruhr* ähnelt sehr der Zahl 8. Bei der 9 sehen Sie bitte eine *Pfeife*.

Die Zahl 10 wird durch zwei Symbole ersetzt. Ein *Billardstock* entspricht der 1, die *Kugel* der 0. Für die Zahl 11 stellen Sie sich einfach zwei *Spaghetti* vor. Die Zahl 12 erinnert an 12 Uhr und *Geisterstunde*. Da die 13 eine Unglückszahl ist, stellen Sie sich eine *Leiter* an eine *Wand* angelehnt vor. Es bedeutet bekanntlich Unglück, unter einer solchen Leiter langzugehen. Bei der Zahl 14 sehe ich zwei *Blitze*, die in dieser Form aufleuchten. Für die Zahl 15 stellen Sie sich einen *Aufzug* vor, der im 15. Stock steckengeblieben ist. Die 16 ersetzen Sie durch ein *Bundesstraßenschild* Nr. 16. Bei 17 stelle ich mir eine *Frau mit Besen* vor. Der Besen stellt die Ziffer 1 dar, die Frau auf dem Bild die »Fortuna«, die die Glückszahl 7 vertritt.

Bereits nach den wenigen Erklärungen, die ich zu diesen Kennworten gegeben habe, haben sich diese Symbole fest in Ihr Gedächtnis eingeprägt. Sie können sich jetzt schon ohne Schwierigkeiten an jedes Symbol erinnern, versuchen Sie es einmal, es geht sehr leicht. Und mit diesen Kennworten werden wir in diesem Kapitel arbeiten. Sie haben die Aufgabe, die Übung 61 in nur 3 Minuten zu behalten. Sie sollen dann wissen, bei welcher Zahl jedes Wort steht und umgekehrt. Mit dem oben besprochenen optischen System ist das keine Schwierigkeit.

Bei $^1/_2$ stellen Sie sich einfach den Preßlufthammer vor, der einen *Baum* anbohrt. Bei 0 bringen Sie mit der *Nadel* die Seifenblase zum Zerplatzen, bei 1 stehen Sie mit Ihrem Zauberstab im *Regen* und versuchen den Regen fortzuzaubern usw. Wenn Sie anschließend die Probe machen, dann fragen Sie sich, was hatte ich mir unter $^1/_2$ gemerkt. Als erstes fällt Ihnen dazu der Preßlufthammer ein und dann sehen Sie das Bild, wo Sie den Baum anbohren. Also wissen Sie: $^1/_2$ war in Übung 61 in Verbindung mit dem Baum usw. Sie finden hier den gleichen Fall vor, wie früher bei den Zweierassoziationen in Kapitel 2 und 3.

Bitte machen Sie jetzt die vollständige Übung 61 in 3 Minuten.

Übung 61 (3 Minuten)

$^1/_2$ – Baum	5 – Tür	11 – Schmutz
0 – Nadel	6 – Brille	12 – Stein
1 – Regen	7 – Farbe	13 – Kinderwagen
2 – Lampe	8 – Hammer	14 – Mauer
3 – Wasser	9 – Sofa	15 – Hund
4 – Milch	10 – Fenster	16 – Fahrrad
		17 – Mücke

Nachdem Sie nun etwas Routine mit unserem kleinen Kennwortsystem haben, wenden wir uns einer gemischten Übung zu. Die Übung 62 beinhaltet wieder alle vier Wortarten der vorangegangenen Kapitel.

Übung 62 (3 Minuten)

$^1/_2$ – zwischen	5 – Harke	11 – leer
0 – Abschaum	6 – grinsen	12 – schweigsam
1 – darunter	7 – Töpfer	13 – Verschluß
2 – Ziegel	8 – rasen	14 – faul
3 – lassen	9 – gerne	15 – Unternehmer
4 – besser	10 – auf	16 – reisen
		17 – zugig

Ein verblüffender Trick: Wenn Sie einmal mit Ihren bis-
herigen Fähigkeiten eine interessante Vorführung in
Ihrem Freundeskreis geben möchten, dann können Sie
das Kennwortsystem auf folgende Art und Weise benutzen. Sie nehmen sich eine Illustrierte zur Hand, deren Seitenzahl Sie vorher auf 17 reduziert haben. Dann
merken Sie sich den ungefähren Inhalt und die Fotos
einer jeden Seite in Verbindung mit der Seitenzahl. Die
Titelseite bezeichnen Sie mit 0, die weiteren Seiten mit
1, 2, 3, usw. Das $1/2$ lassen Sie einfach fort.

Auf der Titelseite befindet sich zum Beispiel eine junge
Dame im Bikini vor einem Flugzeug mit der Aufschrift
»Flugreisen in den Süden«. Sie stellen hierzu eine
Verbindung her und sehen diese Dame aus dem Flug-
zeug steigen mit einer *Seifenblase* in der Hand. Im
Hintergrund scheint die Sonne sehr stark. Das ge-
nügt schon, um Sie an das vollständige Titelblatt zu
erinnern.

Auf der Seite 1 haben Sie in der oberen Hälfte ein großes Foto über einer Zigarettenreklame. Ersetzen Sie die
Zigaretten durch *Zauberstäbe!* Die untere Hälfte bringt
vielleicht einen kurzen Bericht über eine Expedition in
den Urwald. Auch hier stellen Sie sich zum Beispiel an-
stelle der Buschmesser *Zauberstäbe* vor. Damit ist auch
diese Seite fest in Ihrem Gedächtnis verankert. Nachdem Sie nun in der gleichen Weise bis zur Seite 17 vor-
gedrungen sind, legen Sie Ihren Freunden diese Zeitung vor. Sie bitten Sie, eine beliebige Seitenzahl auf-
zurufen. Zur Überraschung Ihrer Freunde sind Sie
jedesmal in der Lage, den Inhalt der Seite richtig wiederzugeben. Ja, Sie wissen sogar, ob sich ein Foto oben
oder unten auf einer Seite befindet. Versuchen Sie es
einmal, es macht nicht nur Spaß, sondern Sie trainieren
Ihr assoziatives Gedächtnis in einer sehr wirkungsvol-
len Weise.

Die wörtlichen Sätze: Bitte machen Sie nun die Übung 63. Es handelt sich hier um gemischte Viererketten, die Sie in Verbindung mit den entsprechenden Zahlen behalten sollen. Bei der Zahl 2 stellen Sie sich zum Beispiel von links nach rechts aufgebaut vor, wie ein *Schwan Trübsal* bläst. Sie *gehen* zu ihm *hin* und *gewinnen* sein Vertrauen. Dabei entdecken Sie noch im Hintergrund mehrere *Affen*.

Übung 63 (10 Minuten)

$1/2$ – gnädig, Apfel, verfault, Hand
  0 – ohrfeigen, Gitter, geben, groß
  1 – zuhören, Familie, drehen, mieten
  2 – Trübsal, hingehen, gewinnen, Affen
  3 – gießen, Feder, mähen, großziehen
  4 – Onkel, wachsen, verknoten, mit
  5 – blähen, riesig, zerquetscht, setzen
  6 – reif, Angeber, spenden, leisten
  7 – ernten, feilen, Gans, Osterei
  8 – Matte, riechen, hantieren, Ausnahmen
  9 – gefühlvoll, tanzen, Feile, vermeiden
10 – pusten, ansägen, verlieren, malen
11 – mutig, Ziegel, ungemein, Leistenbrüche
12 – sauer, Beutel, Zeuge, Hilfe
13 – Blut, aufsitzen, verzeihen, erwachen
14 – Arena, gräßlich, gellend, fett
15 – vielleicht, nicken, dick, außer
16 – Gericht, unter, Frage, Pfote
17 – Hacke, Hocke, stumpf, zeitig

Wir werden uns jetzt mit Sätzen beschäftigen. Sie sollen also unter Zeitdruck versuchen, mehrere Sätze in der richtigen Reihenfolge und *wortwörtlich* zu behalten. Um diese Aufgabe zu lösen, müssen Sie die folgenden Regeln beachten: Jeder Satz hat einen ganz bestimmten

Inhalt. Diesen Inhalt stellen Sie sich bildlich vor. Das, was Sie sich vorstellen, muß so viele Worte eines Satzes wie nur möglich richtig wiedergeben.

Bei dem Satz *Der Mann raucht* stellen Sie sich einen Mann vor, der raucht. Ob er dabei sitzt oder steht ist unerheblich. Auch achten Sie *nicht* darauf, ob er eine Zigarre, eine Zigarette oder eine Pfeife raucht, denn darüber wird *nichts* in dem Satz ausgesagt. Den Inhalt des Satzes verbinden Sie dann wieder mit dem Symbol der entsprechenden Zahl.

Übung 64 (5 Minuten)

$^1/_2$ – Der Mann raucht
  0 – Das Kind schreit
  1 – Der Maler ißt
  2 – Mutter holt zwei Äpfel
  3 – Die Katze klettert
  4 – Das Rad liegt dort
  5 – Das Schloß ist gespenstig
  6 – Das Törchen quietscht
  7 – Der Ball rollt
  8 – Der Rasen wird gemäht
  9 – Ich streiche den Zaun
10 – Der Mond scheint
11 – Die Zigarette ist naß
12 – Die Lampe brennt hell
13 – Der Hund bellt
14 – Das Kind springt
15 – Die Zeit steht nicht still
16 – Der Briefträger kommt
17 – Der Brief ist lang

Bevor wir uns mit Terminen befassen, möchte ich Ihnen wieder 5 Konzentrationsübungen geben. Wie schon zuvor, so versuchen Sie bitte auch hier, das Gefühl der Routine aufzubauen.

Übung 65

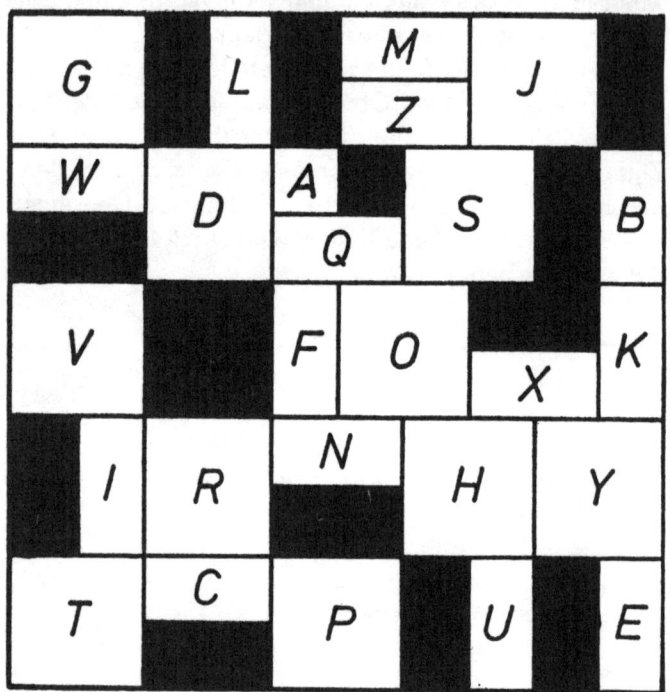

Übung 66

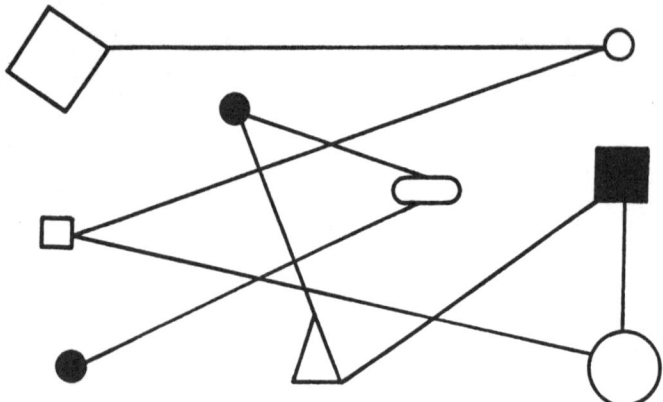

Übung 67
Unterstreichen Sie die Unstimmigkeiten

467	238	361	471
457	233	360	411
274	684	071	561
264	634	078	461
346	078	241	468
356	178	321	568
274	681	560	670
174	621	360	650

Übung 68

Angst	(1) Held	(2) Feigling
(1) die Sonne scheint	gutes Wetter	(2) Regen
vielleicht	(1) sicher	(2) unsicher
(1) noch Hoffnung	zu spät	(2) alles vorbei
wie kommt denn das?	(1) ich weiß alles	(2) das verstehe ich nicht
(1) häßlich	das gefällt mir	(2) ein schönes Stück
(1) stark	Frau	(2) schwach
Schrank	(1) Holz	(2) Papier
viel essen	(1) bekömmlich	(2) ein unangenehmer Geschmack
(1) Buchstaben	ein guter Rechner	(2) Zahlen

Übung 69
Wechseln Sie die Perspektive

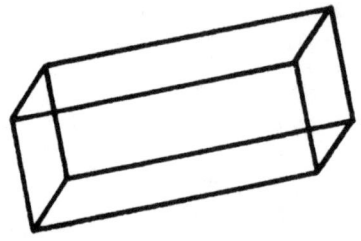

Sie kennen doch sicher die gymnastikartigen Bewegungen der Augen, bei denen man die Augen schließt und die Pupillen kreisen läßt. Durch solche kreisenden Bewegungen oder auch rhythmisches Hin- und Herschauen mit geschlossenen Augen wird der sehr wichtige Bewegungsmechanismus der Pupillen geschont und gestärkt, was sich positiv auf die Gesundheit und Funktionstüchtigkeit der Augen auswirkt. Bei der Übung 66 geht es um Ihre Augen. Einmal müssen Sie die Linien verfolgen, wobei Sie die Pupillen stark anstrengen, zum anderen führen Sie aber diese kreisenden bzw. Hin- und Herbewegungen aus, was der gleichzeitigen Anstrengung entgegenwirkt. Die Folge ist, daß Ihre Augen nicht mehr so stark beim optischen Konzentrieren ermüden und somit Ihre geistige Konzentration nicht mehr so schnell durch Schmerzen und Tränen der Augen gestört wird. Sie werden bald die ersten Auswirkungen spüren, nämlich ungefähr dann, wenn Sie Kapitel 11 dieses Buches beendet haben. Auf keinen Fall dürfen Sie aber diese Übung übertreiben und Ihren Augen zuviel zumuten. Hören Sie spätestens dann auf, wenn Sie Ermüdungserscheinungen spüren.

Gehören Sie zu den Personen, die zu einem Teil des Tages nach Terminen arbeiten müssen? Wenn ja, dann lesen Sie bitte weiter, denn ich zeige Ihnen die Möglichkeit, die Termine von einem Tag im Gedächtnis zu speichern. Hierzu benutzen Sie der Einfachheit halber das kleine Kennwortsystem. Die Zahlen $^1\!/_2$ und 0 lassen wir fort und greifen nur auf die Symbole 1 bis 12 zurück. Auf diese Art teilen wir den Tag in seine 12 Stunden ein, denn die 1 steht für 1 Uhr, die 2 bedeutet 2 Uhr usw. Da Sie auch ohne besondere Gedächtnisschulung zwischen 2 Uhr mittags und 2 Uhr nachts oder zwischen 8 Uhr abends und 8 Uhr morgens unterscheiden können, bleibt es bei diesen 12 Kennworten.

Um 1 Uhr zum Beispiel wollen Sie nach Hause fahren. Sehen Sie, wie Sie mit dem Zauberstab Ihren Wagen dirigieren. Um 2 Uhr wollten Sie Kaffee kochen. Ein Schwan könnte Ihnen dabei zuschauen. In der gleichen Weise fahren Sie fort und assoziieren die Übung 70. Sie brauchen hierbei keinen Wert auf die wörtliche Formulierung der Termine zu legen.

Übung 70 (5 Minuten)

1 Uhr – Ich fahre nach Hause
2 Uhr – Ich koche Kaffee
3 Uhr – Ich repariere ein Gerät
4 Uhr – Ich schreibe einen Brief
5 Uhr – Ich fege den Hof
6 Uhr – Ich mähe den Rasen
7 Uhr – Ich leihe mir nebenan etwas Zucker
8 Uhr – Ich rufe die Freundin an
9 Uhr – Ich streiche den Zaun
10 Uhr – Ich bestelle den Handwerker
11 Uhr – Ich gehe zur Schule
12 Uhr – Ich besuche den Onkel

Sie sehen, wie einfach Ihre Termine werden, wenn Sie die Symbole benutzen. Wenn Ihnen die Stundeneinteilung zu grob erscheint, dann können Sie noch halbe

Stunden hinzufügen. Das Kennwort ½ kennen Sie bereits. 1½ bedeutet dann für Sie 1 Uhr 30, 2½ = 2 Uhr 30 usw. Auf diese Art erzielen Sie eine maximale Unterteilung des Tages in 48 Termine, was eigentlich genügen sollte.

Für Berufe aber, bei denen es um Minutentermine geht, kommt das kleine Kennwortsystem alleine nicht in Betracht. Sie müßten dann bis Kapitel 10 warten, wo Sie das *große Kennwortsystem* vorfinden, dessen Symbole fast jede beliebige Zahl ausdrücken können.

Die verschiedenen Zeiten: Die nächsten Übungen behandeln wieder Sätze, diesmal kommen jedoch die Zukunft und die Vergangenheit hinzu. Was wir brauchen, ist eine Ergänzung zu den Möglichkeiten Ihrer Assoziationen, die Sie bereits kennengelernt haben. Betrachten wir dazu einmal den Vorgang des Schreibens. Die Führung Ihrer Hand geht dabei von links nach rechts. Der Platz, wo Sie gerade schreiben, liegt ziemlich senkrecht unter Ihnen, links von Ihnen steht das, was Sie *schon geschrieben haben,* rechts von Ihnen der leere Teil der Zeile, wo Sie *noch schreiben werden.* Was liegt da näher, als den Ort *vor* Ihren Augen als die Gegenwart, den Bereich *links* von Ihnen als die Vergangenheit und den Bereich *rechts* als die Zukunft anzusehen.

Wenn Sie einen Satz mit der Gegenwart speichern möchten, dann bauen Sie wie üblich das Bild *vor* Ihren Augen auf. Drückt ein solcher Satz die Vergangenheit aus, so stellen Sie sich das Bild *links* von Ihnen etwa aus den Augenwinkeln gesehen vor. Bei der Zukunft sehen Sie entsprechend das Bild *rechts* von Ihnen. Auf diese Art drücken Sie durch die Stellung des Bildes die verschiedenen Zeiten aus.

Bitte machen Sie jetzt die Übung 71, zu der erst einmal die Vergangenheit hinzukommt.

Übung 71 (7 Minuten)

$1/2$ – Jeder Tag brachte neue Überraschungen
0 – Der Stuhl wird repariert
1 – Alle Schüler standen auf
2 – Der Lehrer lacht laut
3 – Ich höre Sie schlecht
4 – Der Nebel ist sehr dicht
5 – Köln liegt am Rhein
6 – Der Onkel kommt zu Besuch
7 – Der Ofen brannte heiß
8 – Plötzlich kam ein Gewitter
9 – Die Ruhe ist angenehm
10 – Der Schüler schrieb einen Satz
11 – Der Wind pfeift ums Haus
12 – Ich muß eine Säge kaufen
13 – Die Taube flog gegen das Fenster
14 – Der Klempner kam mit Verspätung
15 – Eure Miete ist sehr niedrig
16 – Es gibt keinen Grund zur Aufregung
17 – Er war bis gestern im Hotel

In der nächsten Übung müssen Sie schon die Drei-Zeiten-Trennung beachten. Außerdem kommt noch eine Satzart hinzu, die als Konditionalform bezeichnet wird und keine Zeit ausdrückt. Ein Satz erinnert an den Anfang eines Liedes und bereitet deshalb keine Schwierigkeiten.

Übung 72 (8 Minuten)

$1/2$ – Der Kaffee war heiß
0 – Morgen wird die letzte Rate fällig
1 – Es geht mir gut
2 – Der Tisch ist staubig
3 – Der Mörder kam um Mitternacht

4 – Du wirst eines Tages den Rasen mähen
5 – Der Sturm heulte um das Haus
6 – Die Reparatur wird sehr teuer werden
7 – Wenn die bunten Fahnen wehen
8 – Viele Köche verderben den Brei
9 – Manchen fällt der Abschied schwer
10 – Das Motorrad fuhr in den Graben
11 – Jeder kehre vor seiner Tür
12 – In den nächsten Tagen kommt ein Bekannter zu uns
13 – Du mußt dich mehr schonen
14 – Wir haben schlechtes Wetter
15 – Gestern erlebten wir eine böse Überraschung
16 – Das Zimmer ist nicht aufgeräumt
17 – Sein Bruder wird bald Geigenstunden nehmen

Die Übung 73 birgt noch einmal die Schwierigkeit der einzelnen Zeiten in sich. Die Sätze sind außerdem etwas länger als bei den ersten Übungen. Versuchen Sie auch hier wieder, die Zeit einzuhalten.

Übung 73 (10 Minuten)

$1/2$ – Der Baum ist entlaubt
0 – Er schrieb den Namen falsch
1 – Jede Textinterpretation muß sachlich sein
2 – Ohne Fleiß keinen Preis
3 – Wenn ein kleines Kind lacht, regt es die Mutter auch dazu an
4 – In Venedig gibt es viele befahrbare Wasserstraßen
5 – Sie pflückte auf der Wiese Blumen für Ihren Freund
6 – Er bekam einen Anfall von Zerstörungswut
7 – In welcher Schublade liegt die Schere?
8 – Karl Marx war der Sohn jüdischer Eltern
9 – Die Bundesgartenschau wird gut besucht sein
10 – Die Mathematik baut auf Annahmen auf
11 – Es wird in diesem Zimmer bald sauber werden

12 – Gestern war er noch sehr nervös, heute ist er sehr ruhig

13 – Die ganze Sache scheint schwierig zu sein

14 – Wir werden morgen bei dir vorbeikommen

15 – Heute ist es wieder sehr kalt

16 – Als er die anderen sah, versuchte er, so schnell wie möglich zu verschwinden

17 – In ferner Zukunft wird die Luftverschmutzung endlich abnehmen

Bevor wir uns gegen Ende dieses Kapitels mit dem Speichern von Witzen befassen, machen Sie bitte noch die Übung 74, die sehr lange Sätze aufweist.

Übung 74 (11 Minuten)

$1/2$ – In einem Transistorradio sind viele komplizierte kleine Teile

0 – Er ißt jeden Mittag und jeden Abend sehr gerne Sauerkraut

1 – Die Existenzphilosophie beschäftigt sich mit Seinsfragen

2 – Der Aufbau eines Atoms ist bis heute noch nicht geklärt

3 – Hast du irgendwo meine kleine Schwester gesehen

4 – Der Atlas lag dort hinten im Schreibpult

5 – Es gibt viele Rauschmittel, die den Seelenzustand verändern

6 – Für die nächste Zeit möchte er morgens immer Toast essen

7 – Ein Arbeitnehmer ist meistens vom Arbeitgeber abhängig

8 – Jede physikalische Kraft besitzt eine Gegenkraft

9 – Bevor er das Buch kaufte, verglich er sorgsam den Preis

10 – In Italien scheint die Sonne sehr heiß

11 – Er nahm täglich seine Gitarrenstunden bei einem
    Freund
12 – Die ganze Sache ist doch schon längst ein alter Hut
13 – Ich werde bald in die nächste Klasse versetzt
14 – Der Direktor feierte seinen Geburtstag mit seinen
    Freunden
15 – Er macht ein sehr enttäuschtes Gesicht
16 – Nur noch wenige Tage und dann werde ich ent-
    lassen
17 – Kannst du mir etwas Geld für den Heimweg leihen

Es ist nun wieder an der Zeit, weitere Konzentrationsübungen einzuschieben. Im Anschluß an die folgenden
5 Übungen werde ich erneut eine davon erklären.

Übung 75
Gerade bzw. ungerade

374	685	857	451	978	075	571	454	253	483
473	786	351	675	907	463	065	224	874	885
573	857	961	674	546	345	312	683	996	883
776	223	122	876	345	213	765	947	344	223

Übung 76
Zählen Sie den Buchstaben e

Da 80% Ihrer Sehnerven in der Retina beider Augen
enden, tragen sie Gehirnwellen aus verschiedenen Teilen Ihres Gehirns zur Retina. Aus Ihrem unterbewußten
Geist bringen sie Alpha-Wellen; von Ihrem bewußten
Geist Beta-Wellen; von Ihrem psychischen Kräftezen-
trum Delta- und Theta-Wellen. Auf Ihrer Retina werden
diese Gehirnwellen in eine der vier Formen von Energie
und Wärme umgewandelt, bevor sie nach draußen ab-
gegeben werden. d. h. bevor Ihr Körper sie nach draußen projeziert. Diese vier Formen von Energie und . . .

Übung 77
Zwei der drei Geraden sind parallel. Welche?

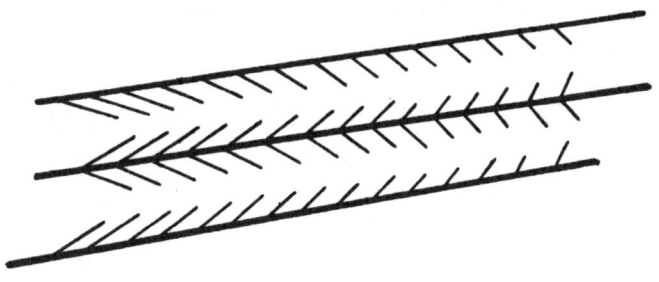

Übung 78
Kurzzeitgedächtnis

bnfjrud	rufndje	ezdswbc	ziolähj
fjvndue	jkhurzd	etdcyxa	kjjnkfn
shdcneh	uioplüä	weqagdt	nmhktiv
sjfurvm	rufnvfw	gjrfbdn	wqtamlj

Übung 79

Bei der Übung 76 sollen Sie so schnell wie möglich ganz bestimmte, vorher festgelegte Buchstaben unterstreichen oder durchstreichen. Wenn Sie sich an die Übungen erinnern, wo Sie in Kästchen befindliche Zahlen oder Buchstaben zählen mußten, dann haben wir hier einen ähnlich gelagerten Fall. Auch hier bekommen Sie mit der Zeit ein *anderes Verhältnis* zu den Buchstaben als zuvor. Ihr Unterbewußtsein schaltet sich also wieder ein, die Zahl der Flüchtigkeitsfehler, die Sie in Texten machen, nimmt stark ab.

Glauben Sie, daß es Ihnen nützt, wenn Sie zu jeder Gelegenheit etliche Witze auf Lager hätten? Die wenigsten Menschen können damit aufwarten. Meistens verliert man einen guten Witz schon einige Minuten nachdem man ihn gehört hat. Würden Sie aber jeden Witz oder jede lustige Geschichte hinter ein Symbol unseres Kennwortsystems assoziieren, dann blieben sie unauslöschlich in Ihrem Gedächtnis haften. In der Übung 80 finden Sie 19 Anekdoten, Stilblüten und Witze, die Sie bitte in 20 Minuten speichern. Bei der Nr. 7 zum Beispiel stellen Sie sich vor, wie Sie morgens in Ihrem Bett liegen und nebenan Wasser rauschen hören. Dabei hängt über Ihrem Bett eine riesige Fahne.

Machen Sie bitte jetzt die Übung 80 und versuchen Sie, die Zeit einzuhalten. Auf die wörtliche Wiedergabe brauchen Sie keinen Wert zu legen, die *Pointe* müssen Sie aber *exakt* wiedergeben.

Übung 80 (20 Minuten)

$1/2$ – Im vierten Schuljahr wiederholt der Schüler die Geschichte von dem Bauern, der das Wetter selbst machen wollte: »Dieser Bauersmann hat die Sonne scheinen lassen, er hat regnen lassen, aber er hat keinen Wind gelassen.«

0 – Jedesmal, wenn Goethe wieder eine Liebschaft ge-

tätigt hatte, fing er an zu schreiben. Er war dann immer sehr fruchtbar.

1 – (Physik): Egal, was man fallen läßt, es hat immer die gleiche Geschwindigkeit.

2 – (Napoleon I): Napoleon ließ den Buchhändler Palm erschießen, um ihn einzuschüchtern.

3 – Die Wirbelsäule ist ein zusammengesetzter Knochen, der den Rücken hinunterläuft. An ihrem oberen Ende sitzt der Kopf, am unteren Ende sitze ich.

4 – (Die Burgen am Rhein): Dort, wo jetzt verlassene Trümmer ragen, standen einst stolze Burgfräulein und warteten auf ihre ausgezogenen Ritter.

5 – Wenn unsere Mutter große Wäsche hat, helfen wir ihr; wir legen sie in den Korb, tragen sie auf den Speicher und hängen sie auf.

6 – Graf Zeppelin war der erste, der in der Luft in verschiedene Richtungen schiffen konnte.

7 – Wenn ich morgens im Bett liege, höre ich das Wasser rauschen. Das ist mein Vater, der schon auf ist.

8 – Frühmorgens geht der Jäger auf die Pirsch. Er legt sich dann auf den Bauch und läßt es krachen. Das nennt sich in der Jägersprache Anstand.

9 – Bei einer Schlange ist das komisch, da weiß man nie genau, wo sie anfängt, mit dem Schwanz zu wackeln.

10 – Am Ziel der Wanderung angekommen, hatten wir alle großen Durst. Zum Glück überließ mir Karl einen Teil seines Wassers.

11 – (Hitlers Geburtstag): Wenn der 20. April naht, kann man in allen Schaufenstern den Gipskopf des Führers sehen.

12 – Seltsam, daß das Porto der Post weiter steigt, wo die Welt doch angeblich immer kleiner wird.

13 – Die Rechtschreibung bereitet das ganze Leben Schwierigkeiten, es sei denn, man wäre Analphabet.

14 – Lehrer: Dann wird Ihnen eben später ein Loch in Ihrer Bildung fehlen.

15 – Paradox ist, wenn ein Angeklagter sitzen muß, weil er gestanden hat.

16 – Dabei fiel der Arbeiter vom Fahrrad und verbog sich ganz erheblich die Lenkstange.

17 – Paradox ist, wenn einer einsehen muß, daß die Vernunftehe die größte Dummheit seines Lebens war.

Damit ist die Verwendungsmöglichkeit unseres kleinen Kenntwortsystems allerdings noch lange nicht erschöpft. Auf weitere Anwendungsmöglichkeiten werde ich in späteren Kapiteln zu sprechen kommen, wenn die Gegenüberstellung mit dem großen Kennwortsystem erfolgt.

Bitte gehen Sie jetzt zum Schluß zurück auf die Übung 6 in unserem Test und halten Sie Ihr zweites Ergebnis fest.

6. Kapitel: Nacherzählungen und Vorträge

Der Redner des Abends – nervös und zerfahren – trat hinter das Mikrofon, nachdem er den Anwesenden vorgestellt wurde. Er räusperte sich und begann dann stotternd: »Meine Damen und Herren, als ich vor einer Stunde noch zuhause war, wußten nur der *liebe Gott* und *ich*, was ich Ihnen heute abend sagen würde.« Er hielt kurz inne, wischte sich den Schweiß von der Stirn und fuhr dann fort: »Jetzt weiß es leider nur noch der liebe *Gott!*«

Was könnte Ihnen Schlimmeres passieren, als vor einem Auditorium zu stehen und den Text Ihres Vortrages vergessen zu haben. Eine peinliche Situation für Sie und für die Zuhörer. Viele Redner gehen dieses Risiko gar nicht erst ein, sondern haben den Verlauf des Vortrages in *Stichworten* niedergeschrieben vor sich liegen. Diese Stichworte bilden die *Gedächtnisstützen*, mit Hilfe derer sich ein Redner an die einzelnen wichtigen Phasen seines Textes erinnert. Das geht gut, aber nur solange, wie er das Blatt mit den Gedankenstützen nicht vergißt, mitzunehmen.
Sie sollen durch dieses Kapitel in die Lage versetzt werden, Texte und Vorträge ohne jegliches Konzept referieren zu können. Ebenso werden Sie in der Lage sein, den Inhalt von Büchern wiederzugeben oder auch von Zeitungen und Illustrierten. Die Grundlage hierzu wird die schon früher besprochene *Kettenmethode* sein.
Sie wenden sicher auch hier und da das Verfahren an,

aus Texten Stichwörter herauszuschreiben. Hiermit kommen wir der Sache schon sehr nahe. Auch wir werden uns mit Stichworten oder Schwerpunkten eines Textes befassen, nur, diese Stichworte werden in unserem Falle *Sinnträger* genannt. Sinnträger deshalb, weil sie so gewählt sein sollen, daß möglichst wenige von ihnen den Sinn des Textes tragen können. Außerdem müssen sie nicht wortwörtlich im Text enthalten sein. Als Beispiel für dieses Verfahren soll uns die Übung 81 dienen.

Texte als Ketten: Sie möchten sich eine lustige und kurze Anekdote dem *Inhalt* nach so genau wie möglich einprägen. Dazu lesen Sie sich den Text einmal durch. Gleichzeitig stellen Sie sich das Geschehen, den Inhalt, *bildhaft* vor. Sie »transformieren« gewissermaßen das Geschriebene in einen Film. Auf diese Art und Weise prägt sich die Anekdote bereits oberflächlich ein. Nun lesen Sie den Text ein zweites Mal. Diesmal sind Sie ohne weiteres in der Lage, zu entscheiden, was in dieser Anekdote von Bedeutung ist und was nicht. Das, was von Bedeutung ist, fassen Sie als Sinnträger (eventuell schriftlich) zusammen. Da diese Sinnträger eine Kette bilden, wenden Sie unsere schon besprochene Kettenmethode an, um die Sinnträger in der richtigen Reihenfolge einzuprägen. Damit ist der Vorgang des Speicherns abgeschlossen.
Der Erinnerungsvorgang ist noch einfacher. Um diese Anekdote wieder in Ihr Gedächtnis zurückzurufen, denken Sie an den Beginn der Sinnträgerkette und lassen diese abspulen. Die assoziative Verknüpfung der Sinnträger *allein* würde ausreichen, um das Wichtigste der Anekdote in Ihre Erinnerung zu rufen. Gleichzeitig fällt Ihnen aber noch der größte Teil der gesamten Geschichte ein, weil spontane, zum Teil unbewußte Assoziationen auftreten. Dies wird durch den ersten Lese-

gang hervorgerufen, in dem Sie sich die Anekdote als »Film« vorstellten.

Sie sehen, daß wir bei unserem Verfahren die Texte zweimal durchgehen. Das ist in den meisten Fällen auch möglich. Bei schriftlichen Texten zum Beispiel haben Sie ja genügend Zeit, die Sie nach Ihrem Gutdünken anwenden. Werden Nacherzählungen in den Schulen vorgelesen, so geschieht das laut Erlaß ebenfalls zweimal. Eine Ausnahme besteht lediglich bei Vorträgen in den Hörsälen der Universitäten. Hier ist natürlich keine Zeit, jede Vorlesung zweimal zu halten. Wie man auch mit diesem Problem fertig wird, werden wir später in diesem Kapitel behandeln. Vorerst sollen Sie die Methode an schriftlichen Texten erproben.

Versuchen Sie sich jetzt bitte an der Übung 81 und wiederholen Sie nachher den *Inhalt* so genau wie möglich. Die wörtliche Formulierung vernachlässigen Sie bitte.

Übung 81 (5 Minuten)

Mein Mann und ich, beide Mitte dreißig, gingen zu einer Kinovorstellung in der benachbarten Universitätsstadt. Es lief ein avantgardistischer Film, die meisten Zuhörer waren Studenten. Wie verfolgten die Vorführung aufmerksam, kamen aber nicht dahinter, was der Film bedeuten sollte – wahrscheinlich waren wir schon zu alt, um den tieferen Sinn zu erfassen.

Plötzlich wurde die Leinwand schwarz. Doch niemand im Publikum stand auf, um zu gehen. Schließlich erhob sich in unserer Nähe ein junger Mann mit Bart und fragte verwirrt: »Weiß hier jemand, ob die Vorstellung aus ist?«

Unser Selbstbewußtsein kehrte zurück – so breit schien die Generationskluft doch nicht zu sein.

Menschen wie du und ich, Reader's Digest 1973, Nr. 8

Wenn Sie Schwierigkeiten mit diesem Prinzip hatten, dann schauen Sie sich bitte meinen Vorschlag zu den Sinnträgern an. Das erste »Glied« der Kette ist für mich ein Ehepaar Mitte 30. Als nächstes Glied sehe ich die Kinovorführung in der Universitätsstadt. Dann das Ehepaar unter den Studenten, das den Film nicht versteht. Hiernach die schwarze Leinwand, bei der sich niemand erhebt. Zum Schluß der junge Mann mit Bart, der sich verwirrt erhebt und fragt.

Daran erkennen Sie schon, daß Sinnträger *nicht nur* aus einem Wort bestehen müssen, sondern sehr wohl als *Satzstücke* existieren können, die mehrere Zeilen zusammenfassen.

Ist ein Text abstrakt, dann wird die ganze Sache natürlich schwieriger. Der nächste Text, den ich Ihnen geben möchte, stammt als Notiz aus einer Zeitung. Sein Inhalt ist verglichen mit der Übung 81 wesentlich abstrakter. Bitte assoziieren Sie jetzt die Übung 82, ohne daß ich Ihnen weitere Hilfen gebe.

Übung 82 (7 Minuten)

Moderne Gefahren
Über die Gefahren der modernen Industriegesellschaft, die mit ihrer Dynamik selbst immer neue Probleme schafft, ohne mit dem Tempo, das zu deren Lösung nötig wäre, Schritt halten zu können (etwa beim Umweltschutz, bei den Gastarbeiterproblemen etc.), äußerte sich in der Panorama-Sendung Richard Löwental in seiner abgewogenen, nüchternen Art. Unsere freie Welt werde die sie bedrängenden Probleme nur durch neue Gedanken, Maßnahmen und Institutionen meistern können, resümierte er in dem knappen Frage- und Antwortspiel. – Zur gleichen Thematik gehörten Filmausschnitte über den wilden Streik bei Ford, wobei man beunruhigende Einblicke in die Lage der türkischen

Gastarbeiter gewann. – Auch die Schulnot, mit der sich die Panorama-Sendung anläßlich des ersten Schultages in mehreren Bundesländern befaßte, wurde uns als eine Folge mancher Fehlentwicklung in der Bundesrepublik glaubhaft gemacht. Jedenfalls ist die Bundesrepublik Deutschland in ihren Ausbildungsmöglichkeiten für die jüngsten Schulkinder gegenüber vielen anderen europäischen Ländern stark zurückgefallen.

In der Übung 83 finden Sie einen Text vor, dessen Inhalt ähnlich schwierig ist, wie in der Übung 82. Da er etwas länger ist, schlage ich Ihnen vor, mit zwei ineinandergeschachtelten Bildern zu arbeiten. Weitere Hilfen möchte ich Ihnen auch hier nicht geben, da es sich noch um kurze Texte handelt.

Übung 83 (8 Minuten)

Der Weg eines Menschen von der Kindheit bis ins hohe Alter läßt sich wunderbar an Hand der Art und Weise nachzeichnen, wie man in den verschiedenen Lebensabschnitten von Fremden angesprochen wird. Man beginnt als »kleiner Mann«, arbeitet sich dann über »Bübchen« (denn ein kleiner Mann ist kleiner als ein Bübchen), »Junge«, »mein Sohn« zum »jungen Mann« empor, und ehe man sich's versieht, sind die Gesprächspartner schon jünger als man selbst und titulieren einen mit »Herr Sowieso«. Ich weiß noch genau, wie ich mich fühlte, als ein Schlafwagenschaffner mich zum erstenmal mit »Herr Doktor« ansprach und jemand anders mit »Herr Direktor«, und was es dann für ein Schock war, als mir eines Tages ein Taxichauffeur die Tür seines Wagens aufmachte und sagte: »Na, denn setz dich nur rein, Pappa!«
Bald wird man mich als »diesen ehrwürdigen alten Herren« apostrophieren, und der Todesstoß ist dann die

Ernennung zum »großen alten Mann«, ein Ehrentitel, der bei uns jedem Weißhaarigen verliehen wird, der, ohne zu sitzen, die Achtzig erreicht hat.

Gedanken mit siebzig, Reader's Digest 1973, Nr. 10

Bevor wir uns mit den eigentlichen langen Nacherzählungen und Vorträgen befassen, üben Sie die Assoziationstechnik bitte noch an der Übung 84.

Übung 84 (10 Minuten)

Rom/Bonn. (ap/dpa) Die Cholerawelle in Italien hat gestern ihr fünfzehntes Todesopfer gefordert. In der Nähe der Stadt Bari starb ein Mann an der Krankheit, die gestern auch zum erstenmal in Florenz und der sardinischen Stadt Cagliari auftrat. Ärzte erklärten, sie seien dabei, die Epidemie in den Griff zu bekommen.
Von den 423 Personen, die in Neapel wegen Brechdurchfall eingeliefert waren, wurden bis gestern 83 aus der Quarantäne entlassen. Die 130 Patienten, bei denen sich der Choleraverdacht bestätigte, hatten sämtlich rohe Meermuscheln gegessen. Das Gesundheitsministerium in Rom, das den Verzehr von Muscheln als Ursache der Krankheit ermittelt und deshalb schon am Montag verboten hatte, untersagte gestern auch den Import und den Verkauf der Tiere.
Bundesgesundheitsminister Katharina Focke hat den Bundesfinanzminister gebeten, alle Zolldienststellen anzuweisen, die Einfuhr von Muscheln aus dem Mittelmeergebiet zu verhindern. Damit soll, wie ihr Ministerium gestern mitteilte, eine mögliche Einschleppung von Cholera-Erregern in die Bundesrepublik unterbunden werden.
Auch die beiden neuen Fälle in Cagliari und Florenz sind auf den Verzehr von Muscheln zurückzuführen. Ärzte, die sich optimistisch über das Eindämmen der

Krankheit äußerten, erklärten, die Menschen, die an der Krankheit gestorben seien, hätten sich zu spät zur Behandlung gemeldet.

In der Bundesrepublik ist nach Angaben des Bundesgesundheitsministeriums kein neuer Fall eines Cholera-Verdachts aufgetreten. Der zweite Fall an Cholera in Hessen hat nach amtlichen Angaben einen »nicht besorgniserregenden« Verlauf.

Das Ministerium wies darauf hin, daß entgegen anderslautenden Berichten weder die Bundesrepublik noch Österreich und die Schweiz Impfnachweise von Reisenden aus Italien verlangen. Reisende aus Tunesien und Italien erhalten an den Grenzübergängen im Süden der Bundesrepublik sowie auf Flughäfen Merkblätter, mit denen sie aufgefordert werden, sich bei Durchfallerkrankungen und Unwohlsein in ärztliche Behandlung zu begeben. Mittelmeerreisenden wird eine vorbeugende Cholera-Impfung empfohlen.

Der Verband der Ärzte Deutschlands (Hartmannbund) hat gestern in Bonn gefordert, der Staat solle Depots finanzieren, in denen Cholera-Impfstoff regelmäßig erneuert wird. Der einzige Hersteller in der Bundesrepublik könne aus Gründen der Zweckmäßigkeit keine großen Mengen bereithalten.

Es passiert mir öfters, daß ich während der Lektüre eines spannenden Buches von einem »Freund« unterbrochen werde, mit der Aufforderung, den Inhalt sofort wiederzugeben. In solchen Fällen weise ich immer darauf hin, daß ein großer Vorteil der Assoziationsmethode darin liegt, *nur* das zu *behalten*, was man behalten *will*. Wenn ich ein gutes Buch lese, dann doch *nicht*, um den Inhalt möglichst genau zu behalten, sondern um mich zu *entspannen*. Ihr armes Gehirn wäre zu bedauern, müßte es Tag für Tag, Stunde für Stunde und Sekunde für Sekunde das aufnehmen, was Sie

118

lesen, hören, kurzum alles das, was Ihnen Ihre 5 Sinne vermitteln. Es ist unbestritten ein großer *Vorteil* dieser Methode, daß Sie *wählen* können, was sie behalten wollen und was nicht. Nebensächlichkeiten, die Ihr Gedächtnis nur belasten würden, werden *gar nicht* erst aufgenommen, wenn Sie es *nicht wollen*.

An dieser Stelle schiebe ich wieder 5 Konzentrationsübungen ein, denen Sie bitte genügend Zeit widmen.

Übung 85
Die letzte Zahl ist 34

Übung 86

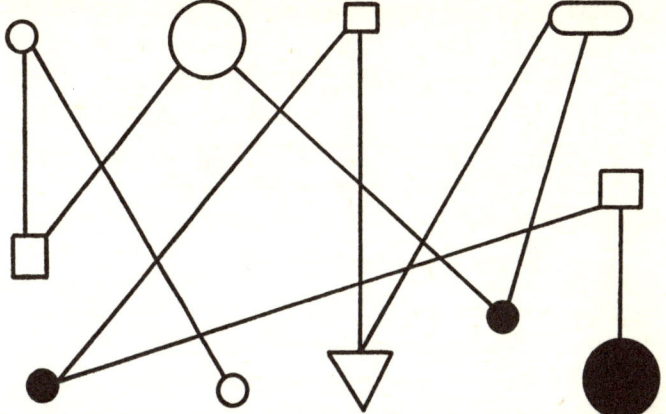

Übung 87   Unterstreichen Sie die Unstimmigkeiten

| 357 | 473 | 961 | 573 |
| 347 | 472 | 981 | 523 |

| 284 | 871 | 075 | 840 |
| 184 | 851 | 045 | 140 |

| 685 | 891 | 705 | 671 |
| 185 | 591 | 305 | 171 |

| 284 | 790 | 121 | 665 |
| 234 | 190 | 221 | 664 |

Übung 88

Feier	(1) traurig	(2) lustig
(1) hat Zeit	eine eilige Sache	(2) sofort
(1) lernen	Schüler	(2) arbeiten
dunkel	(1) mittags	(2) abends
(1) kaufen	(2) nicht kaufen	zu teuer
(1) Abfall	viel kälter als gestern	(2) geblieben
(1) faul	(2) ehrgeizig	er will hoch hinaus
(1) Villa	(2) Hütte	modern
der Magen knurrt	(1) hungrig	(2) satt
(1) Fluß	(2) Wald	schwimmen

Übung 89

Wechseln Sie die Perspektive

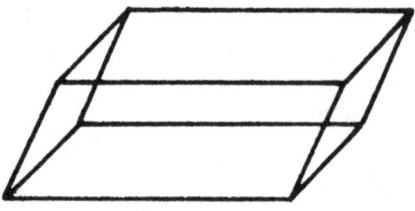

Das Übungsschema der Übung 87 haben Sie bereits in ähnlicher Form kennengelernt. Sie trainieren hier wieder Ihre geistige Reaktionsschnelle, indem Sie so schnell wie nur möglich *nicht* übereinstimmende Ziffern zweier Zeilen anstreichen. Das hängt einmal davon ab, wie schnell Sie beide Zeilen überblicken und zweitens davon, daß Sie eine richtige Entscheidung fällen. Je konkreter Ihr Verhältnis zu den Ziffern wird, um so schneller werden Sie diese Aufgabe lösen können. Dasselbe gilt natürlich auch für Buchstaben. Ein Tip, den ich Ihnen dazu geben darf: Versuchen Sie möglichst unabhängig von einem »verkrampften Willen« zu arbeiten. Denken Sie immer daran, daß Ihr Unterbewußtsein etwa das 4fache dessen leisten kann, was Ihr Wille oder Bewußtsein erreicht. Wenn Sie mit diesem erwähnten verkrampften Willen arbeiten, dann bauen Sie eine Spannung auf, die Sie daran hindert, hohe Leistungen zu vollbringen.

Der nächste Schritt soll sein, Nacherzählungen und Vorträge zu assoziieren, die eine Mindestlänge von einer DIN A4 Seite haben. Hier kommen Sie nicht mehr umhin, mit *mehreren* Bildern zu arbeiten, die Sie ineinanderschachteln. Der erste Text ist eine lustige Geschichte und sehr konkret. Am Ende dieses Textes finden Sie sogenannte Sinnträgerbeispiele vor. Das sollen Sinnträger sein, die man *hätte* nehmen *können,* die Sie aber nicht nehmen müssen. Im Anschluß daran stelle ich Ihnen vier Kontrollfragen. Wenn Sie in der Lage sind, diese Fragen zu beantworten, dann können Sie sicher sein, den Text zum größten Teil im Gedächtnis zu haben. *Und erst dann* machen Sie bitte die Probe, indem Sie den Text *mündlich* referieren. Namen, die in diesem Text vorkommen, brauchen Sie *nicht* zu behalten.

Übung 90 (15 Minuten)

Anekdote
Jonny geht auf Reisen
Eine lustige Geschichte.
»Littleton! Littleton!« rief der Bahnhofsvorsteher Buster Brown, wenn der beschleunigte Eilzug zweimal am Tage auf dem kleinen Bahnhof von Littleton im Staate Nebraska hielt, um sich ein bißchen zu verschnaufen. Das war wirklich der einzige Grund, denn aussteigen tat fast nie jemand. Darum war Buster Brown ehrlich gerührt, als eines Tages doch ein Fahrgast ausstieg, noch dazu ein sehr interessanter Mann mit einem schwarzen Vollbart.
»Willkommen in Littleton!« sagte Buster Brown zu dem Fremden, der lässig an die Krempe seines breitrandigen Hutes tippte. Buster Brown blickte ihm bewundernd nach, bis er hinter den ersten Häusern von Littleton verschwunden war.
Der Fremde hatte inzwischen Honky Tonkys Hotel erreicht, wo er sich sogleich ins Gästebuch eintrug.
»Jonny Bonomo, Vizepräsident von Walla, Virginia«, buchstabierte der Wirt Honky Tonky ehrfürchtig.
Noch am selben Tage wußte ganz Littleton, welcher Gast sich in der Stadt aufhielt, und Bürgermeister Sweeney veranstaltete zu Ehren des Vizepräsidenten einen Gala-Abend im Rathaus.

Der Vizepräsident traf als letzter ein, und ein allgemeines »Oooohhh!« der Bewunderung begrüßte ihn, denn auf seiner breiten Brust leuchteten vierundzwanzig Orden, von denen der größte ein halbes Pfund wiegen mochte, und eine breite, rotweiße Schärpe aus Seidenbatist. Bürgermeister Sweeney konnte mit seinem Ehrengast zufrieden sein, er war ein herrlicher Anblick, und Frau Bürgermeister Sweeney tanzte an diesem Abend zehnmal mit dem großen Jonny Bonomo, und bei jedem Tanz trat er ihr zwölfmal auf die Füße, mal auf den linken, mal auf den rechten. Es war wirklich ein sehr gelungenes Fest, dem noch viele folgten, denn alle Bürger, die in Littleton etwas zu sagen hatten, rissen sich darum, den Vizepräsidenten Jonny einzuladen, und fühlten sich geehrt, wenn er kam. Und er kam immer, weil es sich lohnte, denn jeder Littletoner versuchte den anderen zu übertrumpfen und suchte deshalb nur die teuersten Gerichte und Weine aus, um den Vizepräsidenten zufriedenzustellen. So vergingen die Tage und Nächte wie im Fluge mit Essen, Trinken und Tanzen, bis sich eines Tages der ehrenwerte Jonny Bonomo wieder seinen Hut aufsetzte und seine Abreise bekanntgab. Alle baten ihn, doch noch eine Woche zu bleiben, aber umsonst.

»Die Pflicht ruft!« verkündete er, und so brachte man ihn mit allen Ehren zum Bahnhof, wo er kurz vor der Abfahrt mitten auf dem Bahnsteig vierundzwanzig Littletonern, bei denen er besonders gut gegessen hatte, einen Orden an die Brust heftete. Außerdem lud er sie für den nächsten Monat nach Walla ein.

»Walla, Walla!« rief der Bahnhofsvorsteher Sam Black, wenn der beschleunigte Eilzug zweimal am Tage auf dem kleinen Bahnhof von Walla im Staate Virginia hielt, um sich ein bißchen zu verschnaufen. Das war wirklich der einzige Grund, denn aussteigen tat fast nie jemand. Darum war Sam Black ehrlich gerührt, als eines Tages vierundzwanzig würdige Männer ausstiegen, jeder mit einem schönen Orden auf der Brust. »Willkommen in Walla«, sagte Sam.

Als die vierundzwanzig Littletoner Bürger beim Bürgermeister von Walla eintrafen, wurden sie freundlich begrüßt. Auf ihre Fragen nach dem Vizepräsidenten Jonny verklärte sich das Gesicht der Bürgermeisters, um sich gleich darauf in bedauernde Falten zu legen. »Sie kommen einen Tag zu spät, meine Herren«, sagte er, »der Vizepräsident von Monte Vista ist gestern nach seiner Heimatstadt abgereist, nachdem er drei Wochen lang unser lieber Gast gewesen ist, aber wenn ich Ihnen einen Vorschlag machen darf: für den nächsten Monat hat Vizepräsident Jonny Bonomo vierundzwanzig Bürger von Walla nach Monte Vista eingeladen – kommen Sie doch auch!«

»Das wird nicht gehen«, murmelten die Männer von Littleton und fuhren noch am selben Tag heim. Auf der Fahrt sagte kein Littletoner ein Wort, nur ab und zu warf einer seinen Orden aus dem Fenster.

»Monte Vista! Monte Vista!« rief der Bahnhofsvorsteher Gary White, wenn der beschleunigte Eilzug zweimal am Tage auf dem kleinen Bahnhof von Monte Vista im Staate Colorado hielt. Vierundzwanzig würdige Herren aus Walla verließen den Zug . . .

Ausgabe Rasselbande 1965

Sinnträgerbeispiel:

1. Portion: Eilzug – Bahnhof – verschnaufen – aussteigen – gerührt – Vollbart – willkommen – Bewunderung – nachblicken.

2. Portion: nachblicken – Gästebuch – Vizepräsident – Ehrfurcht – Galaabend – Letzter – Begrüßung – Orden – Schärpe – tanzen – Fuß – Einladungen – lohnen – Prunk – Tage – Nächte.

3. Portion: Nächte – Abschied – bitten – bleiben – Pflicht – Ordensverleihung – Einladung.

124

4. Portion: Einladung – Bahnhof – verschnaufen – gerührt – Männer – schöne Orden – Bürgermeister.
5. Portion: Bürgermeister – Frage – verklären – zu spät – abgereist – Vorschlag – einladen – murmeln – Orden werfen – Bahnhof – würdige Herren – verlassen.

Kontrollfragen:
1. Wie oft wird der haltende Eilzug erwähnt, und wer stieg alles aus?
2. Welchen Eindruck machte der »Vizepräsident« auf die Bürger und womit?
3. Warum warfen die Littletoner ihre Orden aus dem Fenster?
4. Auf welche Art und Weise verabschiedet sich der »Vizepräsident« gewöhnlich von den Bürgern?

Bei neuen Methoden wird sehr gerne das »*ja aber*« angebracht und es werden Schwächen und Grenzen eines Systems sehr gerne aufgebauscht. Ich erwähne das an dieser Stelle deshalb, weil das Gebiet Vorträge und Nacherzählungen einen guten Anhaltspunkt für negative Kritik bietet. Es gibt eine Reihe von Menschen, die auf einmal meinen, diese Methode müsse Wunder vollbringen. Tut sie es nicht, dann scheint für solche Personen die Untauglichkeit bewiesen. So verlangen sie zum Beispiel, daß die Assoziationstechnik ohne große Mühen in der Lage sein soll, längere Texte wortwörtlich aufzunehmen. Das geht aber nur, wenn man *jedes* Wort assoziiert und ganz *exakt* mit in das Bild hineinbringt. Daß das eine unmögliche Arbeit ist, werden Sie sicher sofort einsehen. Und eben hier setzen solche »Kritiker« an. Sie meinen nun, die Untauglichkeit der Methode bewiesen zu haben, weil sich lange Texte nur mit sehr großem Aufwand wörtlich assoziieren lassen. Diese »Kritiker« übersehen dabei aber zwei Dinge. Einmal geht es in der Praxis *nicht* darum, solche Texte Wort für Wort zu behalten, da sie lediglich die Funktion haben, Ihnen Wissen zu vermitteln, und dieses Wissen steckt eben im Inhalt. Auf der anderen Seite besitzt jeder Mensch noch immer das *natürliche* Gedächtnis, das durch die Assoziationsmethode *entlastet* und *nicht vollständig ersetzt* werden soll. Wer nun wirklich der Meinung ist, einen Text Wort für Wort im Gedächtnis haben zu müssen, der kann sein natürliches Gedächtnis benutzen, um die Diskrepanz zwischen Inhalt und wörtlicher Wiedergabe wettzumachen. Kritik aber wäre hier völlig fehl am Platze.

Die Inseltechnik: Die Methode, mit der man Nacherzählungen und Vorträge behalten kann, ist von allen Gebieten der Mnemotechnik die schwerste. Da vor allem ihre genaue Durchführung für das Gelingen und den Erfolg, den Sie erwarten, außerordentlich wichtig ist, möchte ich diese Methode noch einmal erklären, diesmal aber aus einer etwas anderen Sicht. Auf diese Art und Weise wird Ihnen das Prinzip noch klarer und deutlicher.

Ich hatte davon gesprochen, daß Sie sich einen Text zweimal durchlesen. Beim ersten Durchlesen stellen Sie sich den gesamten Inhalt wie in einem Film vor. Hierbei gibt es für Sie *keine* Schwerpunkte, alles ist gleich wichtig. Beim zweiten Durchlesen befassen Sie sich *nur noch* mit den Schwerpunkten, alles andere erfassen Sie gar nicht erst. Diese Schwerpunkte, die Sie als gerafften Inhalt ansehen können, verarbeiten Sie ebenfalls wieder als Film. Sie können folglich das ganze Verfahren als zwei Filme ansehen, die aufeinander liegen. Der untere Film (Ihr erster) zeigt alles, aber etwas verblaßt. Der obere Film (Ihr zweiter) zeigt nur noch das Wichtigste, dafür aber gestochen scharf und in der richtigen Reihenfolge exakt verknüpft. Zusätzlich zu diesen bewußten und gezielten Assoziationen werden sich zwischen dem unteren und oberen Film unbewußte Assoziationen aufbauen, die Ihrem natürlichen Gedächtnis entstammen. Diese unbewußten Assoziationen *leiten* Sie von den Sinnträgern oder Schwerpunkten *über* zu den mehr nebensächlichen Dingen des Textes, die Ihnen dadurch zum großen Teil auch noch einfallen.

Da durch die Sinnträger der Text in exakter Reihenfolge verknüpft ist, sind Sie ohne weiteres in der Lage, einen solchen Text ohne zusätzliche Hilfen vollständig zu referieren. Sie würden diese Technik also dann anwenden, wenn Sie sich auf einen Vortrag vorbereiten, den sie *selber* halten wollen. Geht es Ihnen aber nur um das Aufnehmen der Fakten, die in dem Inhalt stecken, und ist die vorgegebene Reihenfolge im Text belanglos (sie ist es meistens, denn Vorträge stellen in der Regel eine Anhäufung von Fakten dar), so läßt sich die Methode vereinfachen. Wir sprechen dann von einer *Inseltechnik.*

Bei der Inseltechnik fällt die letzte Verknüpfung der Schwerpunkte weg. Sie lesen sich den Text beim ersten Mal wieder wie üblich durch. Beim zweiten Durchlesen stellen Sie sich noch einmal die Schwerpunkte bzw. Sinnträger, für die Sie sich entschieden haben, intensiv vor. Sie gehen aber nicht soweit, sie untereinander zu verknüpfen, denn sie wollen ja keinen Vortrag halten. Das Ergebnis sieht so aus, daß Sie die Fakten des Textes als *Inseln* im Gedächtnis haben. Kommt es dann zu einer Diskussion oder werden später Fragen zu diesem Thema gestellt, dann führen diese Fragen selbst bzw. der Verlauf der Diskussion automatisch zu den benötigten Inseln, und Sie können wie gewünscht antworten. An dem nun folgenden Text möchte ich Ihnen die Inseltechnik der Technik der Kettenmethode gegenüberstellen, so daß Sie noch einmal einen praktischen Vergleich haben.

Übung 91 (15 Minuten)

Mit Rädern ins Grüne
An Verkehrssicherheit dachte man bei der Erfindung des Fahrrades nicht.
Sich nach Belieben fortzubewegen, dabei aber mit den Füßen über dem staubigen Erdboden zu schweben und sitzend die Natur zu genießen, das hat man schon vor vielen Jahren gewollt und getan, auch wenn man sich Pferd, Wagen und die dazugehörige Dienerschaft nicht leisten konnte. Denn das technische Jahrhundert hob die Menschen in einen Sattel ohne Pferd. Es gab ihnen dazu die Chance, mit der Kraft ihrer strampelnden Beine Wagen zu fahren, die sonst das zwar stolz schnaubende, aber auch teuren Hafer fressende Roß hätte ziehen müssen.
Das verdanken wir einem Forstmeister mit seiner erfundenen »Laufmaschine«, einem hölzernen Zweirad, das mit den Füßen vom Boden abgestoßen werden mußte. Dieses Ding bekam seinen Pfiff, als ein Schweinfurter das Vorderrad mit einer Tretkurbel versah. Es war das erste echte pferdelose Fahrzeug für jedermann und wurde, wenn es auch Pferd und Kutschwagen nicht verdrängte, bezeichnend für den Straßenverkehr im letzten Drittel des vorigen Jahrhunderts. Erst als man es aus Stahl baute, statt aus Holz, und ihm statt der klobigen Räder leichte Konstruktionen mit Drahtspeichen und Vollgummibereifung gab, trat es als Fahrrad seinen Siegeszug an. Gleichzeitig wuchs damals das vordere, das Treibrad, zu immer größeren Dimensionen an, während das hintere, das Laufrad, klein und unscheinbar wurde – das Hochrad war geboren, aus dem die Erfinder die wunderlichsten Gebilde entwickelten.
Zu dem zweirädrigen Fahrrad gesellte sich bald das »Tricycle« mit zwei hohen Vorderrädern und einem kleinen Hinterrad. Man baute es einsitzig für Leute,

128

die auf dem Zweirad die Balance verloren, aber auch als »Sociable« für zwei nebeneinander und als »Tandem« für zwei hintereinander sitzende Personen, die gemeinsam in die Kurbeln traten.

Bald sah man dann – als Straßenkreuzer ihrer Zeit gewissermaßen – sogar vier- bis achträdrige Gefährte ihres Weges rollen. Sie waren vier- bis fünfsitzig und hatten, wie ein Kutschwagen, einen bequemen Fond, in dem meistens Damen Platz nahmen, während sich auf den Sätteln der Vordersitze die dazugehörigen Kavaliere schwitzend und pferdeersetzend um den Antrieb des Gefährts bemühten.

Gut zweieinhalb Jahrzehnte gab das Hochrad in der Zeit der Räder den Ton oder richtiger: den Mißton an. Dann siegte, wo Vorschriften fehlten, die Vernunft, und man begann sich nach Verkehrsmitteln umzusehen, die Naturgenuß ohne permanente Lebensgefahr ermöglichten. Zum Ende des 19. Jahrhunderts nahm das Rad allgemein die uns vertraute Form an, erhielt Bremse, Beleuchtung, angenehm federnde Gummibereifung und den schlichteren Namen »Fahrrad« und ging gezähmt als treuer Diener in die neue, die motorisierte Zeit ein.

Den einzigen Vorzug seiner zumeist wilden Ahnen vom Stamm der Räder hat es beibehalten: es fährt, ohne zu fressen.   *Ausgabe Rasselbande 1962*

Sinnträgerbeispiel:
1. Portion: fortbewegen – staubig – Erdboden – schweben – früher – Pferd – Diener – technisches Jahrhundert – strampeln – fressen.
2. Portion: fressen – Forstmeister – Laufmaschine – abstoßen – Tretkurbel – Fahrzeug für jedermann – bezeichnend.
3. Portion: bezeichnend – Stahl – Vollgummibereifung – Treibrad – größere Dimensionen – Laufrad – unscheinbar – Tricycle – Balance – Sociable – Tandem.

4. Portion: Tandem – Straßenkreuzer – achträdrig –
Damen – Kavaliere – Vordersitze – Hochrad –
tonangebend – Vernunft – Verkehrssicherheit –
Fahrrad – Ahnenstamm.

Kontrollfragen:

1. Wodurch löste das Fahrrad das Hochrad ab?
2. Was gesellte sich alles zu dem zweirädrigen Rad?
3. Wer wird als Erfinder der Räder genannt, und was
   haben sie erfunden?
4. Was wollte die Menschheit schon vor sehr vielen
   Jahren?

1. Inseltechnik: Als ersten Sinnträger stellen Sie sich
vor, wie Menschen auf alten, primitiven Holzrädern
durch die Natur fahren, ohne auf teuere Pferde ange-
wiesen zu sein. Den Hintergrund bilden hierbei Fabriken und rauchende Schornsteine, damit das technische
Jahrhundert hervorgehoben wird. Über den zweiten
Sinnträger drücken Sie aus, daß ein Forstmeister ein
hölzernes Zweirad erfindet, bei dem man sich mit den
Beinen vom Boden abstößt. Der dritte Sinnträger beinhaltet die Weiterentwicklung durch eine Tretkurbel, die
ein Schweinfurter vornahm, wodurch ein Zweirad für
jedermann entstanden war.
Wenn Sie lediglich auf diese Art und Weise fortfahren,
dann setzen sich die Sinnträger, die Sie sich auf jeden
Fall *bildlich* vor Augen führen, als Inseln in Ihrem Gedächtnis fest. Haben Sie allerdings die Aufgabe, den
Text als Vortrag wiederzugeben, dann müssen Sie die
Sinnträger untereinander verknüpfen, wie ich es auch
schon zu Beginn dieses Kapitels von Ihnen verlangte.
Die einzelnen Verknüpfungen dazu sehen folgendermaßen aus: Sie sehen wieder die Menschen auf Rädern fahren, im Hintergrund die Fabriken. Sie rücken

diesmal aber noch den Forstmeister mit in das Bild. Er befindet sich etwas weiter rechts und entwickelt, baut und verkauft fortlaufend seine Räder, mit denen die Menschen sogleich fahren. Um eine Verknüpfung zwischen Forstmeister und Schweinfurter herzustellen, sehen Sie, wie der Forstmeister eines Tages mit dem Schweinfurter zusammentrifft. Der Schweinfurter macht sich sogleich ans Werk und verbessert das Zweirad durch eine Tretkurbel usw.

Sie sehen, daß Sie die Verknüpfungen durch kurze Szenen ausdrücken, die nicht direkt in dem Text enthalten sind, die aber auch nicht den Text verfälschen. Sie wissen, daß die Szenen *Hilfsmittel* sind und werden nie in die Gefahr kommen zu sagen: eines Tages traf ein Schweinfurter mit dem Forstmeister zusammen usw.

Bitte assoziieren Sie jetzt die Übung 91 vollständig und achten Sie auf die vorgegebene Zeit. Wenden Sie die Kettenmethode an und nicht die Inseltechnik, damit Sie nicht nur die anschließenden Fragen beantworten können, sondern auch bei der Probe den Text in der richtigen Reihenfolge referieren können.

Der rote Faden: Unter den beiden Begriffen Nacherzählungen und Vorträge soll für uns folgendes verstanden werden: Nacherzählungen sind *alle Texte*, die einen roten Faden haben. Darunter fallen Romane, Anekdoten, Sagen, Märchen, Abenteuer usw. Mit Vorträgen sollen alle die Texte bezeichnet werden, die *keinen roten Faden* haben. Das sind üblicherweise wissenschaftliche Darstellungen, bei denen von Versuchen die Rede ist, dann werden Schlußfolgerungen gezogen, mitunter greift man auf frühere Verfahrensweisen zurück, dann sind es wieder einige theoretische Überlegungen usw. Der Inhalt solcher Texte springt durch die Sache bedingt hin und her. An dieser Stelle erkennen Sie ohne Zweifel den Nutzen der Sinnträgerkette in einer noch anderen Art. Ihre Sinnträgerkette stellt einen *künstlichen* roten Faden dar, der bei solchen Texten fehlt.

Sollten Sie einen Vortrag nur einmal hören (z. B. Universität), dann müssen Sie ein gekoppeltes Verfahren anwenden. Während Sie sich den Text bildlich vorstellen, verknüpfen Sie bereits gleichzeitig Schwerpunkte, wie Sie es schon oft geübt haben. Das ist zwar am Anfang schwer, aber nicht unmöglich. Versuchen Sie dieses Prinzip einmal an der Übung 92, das heißt, lesen Sie sich den Text *nur einmal,* wenn auch langsam, durch.

Übung 92 (20 Minuten)

Lebt Nessie doch? Wissenschaftler untersuchen, ob es das Ungeheuer von Loch Ness wirklich gibt.

Die geheimnisvolle Schlange von Loch Ness geistert schon seit vielen Jahren durch die Zeitungsspalten. Immer wieder erzählten Augenzeugen, sie hätten in dem schottischen See das geheimnisvolle Tier auftauchen sehen. Um diesen Berichten auf den Grund zu gehen, sind jetzt Wissenschaftler der britischen Universität Oxford nach Schottland gefahren. Mit modernsten Geräten wollen sie versuchen, »Nessie« aufzuspüren, wie das Untier im Volksmund liebevoll genannt wird.

Wenn an der Geschichte etwas Wahres sein sollte, dürfte es sich um mehrere Tiere handeln. Vielleicht sind es Nachfahren einer Saurierfamilie, die bei der Abtrennung der schottischen Landmassen von der Nordsee in dem See eingeschlossen wurden, meinte einer der Wissenschaftler. So wäre es möglich, daß sie vor vielen Millionen Jahren das große Echsensterben überstanden haben.

Die Untersuchungen wurden durch ein Radarfoto ausgelöst, das in englischen Zeitungen veröffentlicht wurde. Es war im westlichen Teil des Loch Ness aufgenommen worden und zeigt ein zwischen Seeboden und Oberfläche schwebendes unbekanntes Großtier mit mehreren kräftigen Schwimmflossen.

Der langgestreckte schottische See ist schon von alters her Schauplatz unheimlicher Geschichten und Sagen. Immer wieder war von fürchterlichen Seeungeheuern die Rede. Schon der Reisebericht eines Heiligen aus der Mitte des sechsten Jahrhunderts erzählt von den »Ungeheuern in den Gewässern des Ness, die Schwimmer angriffen und schon böse verletzt haben«.

Das bisher haarsträubendste Erlebnis mit Nessie hatte im Januar Herr Grant aus Edinburgh. Er berichtete, daß ihm auf einer Straße in heller Mondnacht ein mächtiges, etwa acht Meter langes Riesentier begegnet sei. Das Ungeheuer habe sich nach Seelöwenart, indem es den Rücken abwechselnd streckte und krümmte, vorwärts bewegt. So kroch es quer über die Autostraße. Nach der Darstellung des Schotten besaß das Tier vier kräftig entwickelte Ruderfüße und sein verhältnismäßig kurzer Schwanz endete in einer breiten dreieckigen Flosse.

Fünf ungläubige Studenten, die am gleichen Morgen die angegebene Uferstelle absuchten, fanden eine doppelte, eineinhalb Meter breite Spur, die auf große Ruderfüße oder Flossen zu deuten schienen. Später wurde Nessie sogar fotografiert. Noch später sahen kurz hintereinander drei Männer, und zwar ein Geschichtslehrer, ein Garagenbesitzer und ein Polizist, das Riesentier an verschiedenen Stellen des Sees.

Daraufhin fuhren Fernsehleute vom BBC nach Schottland und machten von Bord eines Kutters mit Scheinwerfern und Echolot Jagd auf das rätselhafte Wassertier. Jedoch ohne Erfolg. Im vergangenen Jahr wurde von einem Fischdampfer das eigenartige Radarfoto, das von Sachverständigen untersucht wurde, gemacht.

Es ist nach ihrem Urteil kaum anzunehmen, daß es sich dabei um eine Fälschung oder Fehldeutung handelt.
Natürlich versuchte man diese Erscheinungen zu deuten. Die Beschreibungen weisen merkwürdigerweise auf eine längst ausgestorbene Echsenart hin. Sie lebten hauptsächlich vor vielen Millionen Jahren.
Die Wissenschaftler werden die Frage beantworten, ob sich ein solches Tier bis heute erhalten haben kann. So etwas ist durchaus möglich. Das beweist die wiederholte Auffindung eines Urweltfisches, von dem man glaubte, er sei vor 60 Millionen Jahren ausgestorben. Vielleicht aber wird sich Nessie auch als ausgewachsene Zeitungsente erweisen, doch darüber haben jetzt die Wissenschaftler das letzte Wort.   *Weltchronik*

Sinnträgerbeispiel:
1. Portion: Geheimnisvolle Schlange – Loch Ness – Augenzeugen – Berichte – Wissenschaftler – aufspüren.
2. Portion: aufspüren – mehrere Tiere – Nachfahren – Saurierfamilie – Landmassentrennung – Echsensterben – überleben.
3. Portion: überleben – Radarfoto – westlicher Teil – unbekanntes Großtier – kräftige Schwimmflossen – Schauplatz für Sagen – Seeungeheuer – angreifen.
4. Portion: angreifen – haarsträubendes Erlebnis – Mondnacht – Begegnung – Riesentier – Seelöwenart – kriechen – Autostraße – kräftige Ruderfüße – Studenten – breite Spur – später – Nessie fotografiert.
5. Portion: Nessie fotografiert – 3 Zeugen – BBC – Suche – erfolglos – eigenartiges Radarfoto – keine Fälschung – Deutung – vielleicht nicht ausgestorben – Antwort – Wissenschaftler – Beweis – letztes Wort.

Kontrollfragen:
1. Wie wurde Nessie auf der Autostraße gesehen und was war am kommenden Morgen?

2. Auf Grund welcher Theorien oder Vermutungen könnte Nessie tatsächlich existieren?
3. Was war auf dem Radarfoto zu sehen?
4. Was tat die BBC?

Bitte trainieren Sie sich an dieser Stelle wieder mit den 5 folgenden Konzentrationsübungen.

Übung 93
Gerade bzw. ungerade

374	675	978	253	574	997	153	473	867	241
574	796	473	153	896	574	668	997	996	362
372	675	980	023	561	457	327	890	043	441
567	436	427	704	567	912	487	905	070	432
265	897	900	651	231	308	453	677	523	964

Übung 94
Zählen Sie die Buchstaben a und e (gleichzeitig)

Übrigens hat C. G. Jung für das mit dem Ausdruck »Augenblicklichkeit« interpretierte Phänomen den Begriff der »Synchronizität«, d. h. Gleichzeitigkeit, geprägt. Es wäre aber wahrscheinlich strukturgerechter, ihn . . .

Übung 95
Zwei Geraden sind wieder parallel

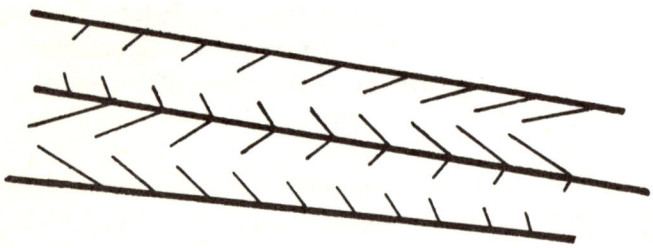

Übung 96
Kurzzeitgedächtnis (in Zweiergruppen wiederholen)

46 36	23 67	58 12
45 10	65 92	34 19
67 43	10 76	50 08

Übung 97

Die Übung 95 beruht auf dem Prinzip der optischen Täuschung. Ihr Auge erfaßt, wenn es spontan arbeitet, alle Eindrücke relativ. Das heißt, daß Ihr Auge immer vergleichend mit anderen Faktoren in unmittelbarer Nähe registriert. Wenn Sie zum Beispiel die Größe eines Baumes erfassen, dann vergleichen Sie automatisch mit anderen Bäumen oder Gebäuden. Die Geschwindigkeit eines Wagens werden Sie immer mit anderen Wagen vergleichen oder auch mit ruhenden Punkten. Ohne solche Anhaltspunkte müßte Ihr Auge absolut arbeiten, wozu es nicht in der Lage ist. In Übungen wie Nr. 95 versucht man, nur solche Anhaltspunkte in ein Bild zu bringen, die Ihr Auge täuschen oder zumindest unsicher arbeiten lassen. Vermittels Ihrer Konzentration sollen Sie sich aber über diese täuschenden Anhaltspunkte hinwegsetzen und versuchen, unabhängig von vorgegebenen Anhaltspunkten zu arbeiten. Das ist am Anfang zwar sehr schwer, mit fortlaufender Übung allerdings wird es Ihnen immer besser gelingen.

Doppelte Begriffe: Die Übung 98 besteht aus einer größeren Anzahl von Hauptwörtern, bei denen genau fünf Stück doppelt vorkommen. Sie haben nun die Aufgabe, festzustellen, welche Begriffe doppelt vorkommen. Hierbei dürfen Sie allerdings die Übung nur ein einziges Mal durchlesen. (Ein mehrmaliges Überfliegen der Zeilen führt sowieso unweigerlich zu Irrtümern, da Sie niemals sicher sein können, ob Sie einen Begriff an der *selben Stelle* zum zweiten Male sehen, oder an einer *anderen Stelle*.) Das Verfahren dazu ist einfacher als Sie denken. Während Sie sich die einzelnen Wörter *langsam* durchlesen, stellen Sie sich zu jedem Wort *ein Bild* vor. Dabei werden die einzelnen Wörter *nicht* wie bei der Kettenmethode untereinander verknüpft, die Bilder bleiben einzeln getrennt »im Raum« stehen. Angenommen, das Wort *Tannenbaum* kommt mehrere Zeilen tiefer zum zweiten Male vor. Wie üblich wollen Sie sich dazu ein Bild vorstellen. Da Sie hier Ihre Phantasie einsetzen müssen, läßt sich ein gewisses Trägheitsmoment nicht ganz ausschließen. Gleichzeitig befindet sich aber in Ihrem Gedächtnis bereits ein Bild dazu und dieses Bild, das gewissermaßen auf Vorrat liegt, kommt spontan wieder vor Ihr geistiges Auge, bevor Sie überhaupt in der Lage sind, ein neues Bild zu formen. Das »vorrätige Bild« war also schneller gewesen, da hierzu kein Trägheitsmoment überwunden werden muß. Sie spüren sofort, daß es sich in diesem Fall um ein vorrätiges Bild handelt und wissen: Tannenbaum kommt zum zweiten Male vor.
Nach diesen Ausführungen wird Ihnen die Übung 98

keine Schwierigkeiten mehr bereiten. Jedes Wort, das Ihnen zum zweiten Male begegnet, streichen Sie bitte an.

Übung 98

Schild Stein Schiff Huhn Fahne Fluß Loch
Auto Mann Ofen Schalter Kreide Fuchs Käse
Riese Fahne Geist Trompete Tisch Mann
Ente Knochen Gras Kette Kreide Tasse
Fehler Zehe Säge Loch Heft Maschine
Kakao Strand Schiff Acker Topf Zahl Bonbon
Salz

Verfahren Sie bitte in der gleichen Weise mit den Übungen 99 und 100.

Übung 99

singen reden nehmen stoßen zielen arbeiten
stören trinken fliegen kaufen kriechen hören
riechen mähen lachen ernten tasten nisten
staunen siedeln stöhnen schreiben hassen
schneidern tanken kochen fliegen schlafen
danken schneiden seufzen notieren gähnen
sammeln nehmen sitzen spielen verdienen
tanken beten denken knobeln turnen danken
staunen niesen filmen zwicken stehen liegen

Übung 100

Waage gewöhnen Aschenbecher zählen
buchstabieren Generation tanzen Whisky Zucht
lieben holen Rübe Eid Zusammenkunft salzen
Geduld Leib tänzeln bohren bringen Eid
säuseln Hitze siegen Punkt regnen Glück

Locke Plüsch regieren Waage Polster Training
essen werken Zeuge Teddy Richter rufen
Schwester knurren Schlosser schleichen Foto
töten Bote Sieg hängen Übersicht Anstand
Strich kernig Geknister verzetteln Schläfe
Zucht demonstrieren Schlucht rufen Maler
salzen Los sinnen Idee kreischen Heizung
fahren beobachten Rezept Maler .

7. Kapitel: Namen aller Art und Gesichter

Bei einer größeren Gesellschaft traf eines Tages eine junge Frau mit einem sehr interessanten Herren zusammen. Da sie auf eine fortdauernde Bekanntschaft wert legte, war sie bemüht, sich den Namen einzuprägen. Also merkte sie sich: der Name hat etwas mit Radio und Fernsehen zu tun.

Eine Woche später traf sie mit ihrer neuen Bekanntschaft erneut zusammen und begrüßte diesen Herren mit den Worten: »Nett, Sie wieder zu sehen, Herr Phillips.« – Herr »Phillips« stutzte und entgegnete erstaunt: »Wieso, ich heiße doch Lorenz!«

Es zahlt sich auf die Dauer ganz bestimmt *nicht* aus, wenn Sie die Namen der Personen, auf die Sie Wert legen, verwechseln oder gar vergessen. Jeder Mensch ist angenehm berührt, wenn Sie ihn mit seinem richtigen Namen ansprechen. Denken Sie nur einmal daran, wie es Ihnen ergeht, wenn man Sie mit Namen anspricht. Sofort stellt sich das Gefühl ein, daß Sie als Persönlichkeit gelten und akzeptiert werden. Um wieviel erfolgreicher könnten Sie in Ihrem Beruf sein, wenn Sie alle Ihre Kunden mit Namen kennen und ansprechen würden.

In einem amerikanischen Buch über das Gedächtnis habe ich einmal von einem Jungen gelesen, der ein phantastisches Namensgedächtnis besaß. Er arbeitete in einem New Yorker Hotel 1. Klasse als Türboy und war in der Lage, Gäste, die dort nach Jahren wieder vorfuhren, mit richtigem Namen anzusprechen. Die

Trinkgelder, die er bekam, waren natürlich sehr hoch und es wird behauptet, er habe inzwischen soviel zusammengespart, daß er das Hotel kaufen könne.

Nun werden Sie sicherlich nicht in der Lage unseres Türboys sein, aber die Wichtigkeit, Namen zu behalten, ist bei Ihnen ebenso groß, wie in dem geschilderten Fall. In allen Situationen, wo Sie mit Menschen zusammenkommen, sollten Sie Namen behalten, es wird sich auf jeden Fall für Sie auszahlen. Denken Sie nur an die Vertreterbranche oder an gastronomische Betriebe, dann wird Ihnen die Wichtigkeit bewußt.

Die Namen: Wir werden uns vorerst nur mit Namen befassen, und zwar mit *Namen aller Art.* Der Grund dazu ist leicht aufgezeigt. Personennamen merkt man sich normalerweise in Verbindung mit Personen. Da Sie einen Menschen an seinem Gesicht wiedererkennen, müssen wir in den meisten Fällen den *Namen mit dem Gesicht assoziieren.* Das Gesicht eines Menschen (wir werden das später noch sehen) ist sehr konkret, sein Name hingegen in den meisten Fällen *nicht.* Die Namen selbst bereiten deshalb zu Beginn einige Schwierigkeiten, denn die wenigsten lassen sich in ihrer *ursprünglichen* Form assoziieren. Wir können das Problem nur dadurch lösen, daß wir zu *Transformationstechniken* greifen, die einen Namen in eine konkrete Form abwandeln.

Wenn Sie sich an die Zahlen von $1/2$ bis 17 erinnern, so haben wir auch hier auf eine konkrete Darstellung der Zahlen zurückgegriffen, um sie assoziieren zu können. In ähnlicher Weise verfahren wir mit Namen, wozu ich Ihnen einige Beispiele geben möchte.

Sie wollen den Namen *Kaminski* speichern. Kaminski in seiner ursprünglichen Form ist abstrakt. Wenn Sie ihn jedoch in *Kamin* und *Ski* zerlegen, so erhalten Sie zwei konkrete, assoziierbare Begriffe. Den Namen

Robbertz zerlegen Sie in *Robbe* und *Erz*. Beide Begriffe sind jetzt leicht zu handhaben. Unter Herrn *Eggarter* stellen Sie sich jemanden vor, der seinen *Garten* mit der *Egge* bearbeitet usw.

Diese drei Beispiele zeigen Ihnen schon, nach welchem Prinzip Sie arbeiten, wenn Sie Namen speichern. Bevor Sie aber die ersten Übungen machen, bei denen Sie Namen abwandeln sollen, möchte ich Ihnen eine Art *Kennwortliste* geben, aus der Sie ersehen können, was ich mir unter einzelnen Namen vorstelle.

Die vier Gruppen: Alle Namen lassen sich grundsätzlich in vier Gruppen aufteilen. Diese Gruppen sehen folgendermaßen aus.

1. Gruppe: *Bäcker   Müller   Ton*
2. Gruppe: *Goldmund   Baumgarten   Knappsack*
3. Gruppe: *Bardt   Floss   Tanner*
4. Gruppe: *Behrendt   Siedelhotten   Juraszcec*

Sie sehen, daß es sich bei der ersten Gruppe um einfache, *konkrete* Namen handelt. Diese Namen sind bereits assoziierbar, Sie brauchen sie nicht mehr zu transformieren. Die zweite Gruppe besteht aus *zusammengesetzten konkreten* Begriffen wie *Gold* und *Mund* oder *Baum* und *Garten* usw. *Auch hier* läßt sich bereits die ursprüngliche Form verwerten.

Anders sieht die Sache bei den letzten beiden Gruppen aus. Diese Namen *müssen* Sie *abwandeln,* wobei die 4. Gruppe wesentlich abstrakter ist, als die Gruppe Nr. 3. Namen aus der 3. Gruppe brauchen lediglich durch das Hinzufügen oder Weglassen von etwa 1 bis 2 Buchstaben abgeändert zu werden, um zu konkreten Ersatzworten zu werden. Namen der 4. Gruppe jedoch erfahren eine wesentlich *intensivere* Umwandlung, damit brauchbare, konkrete Ersatzworte entstehen.

Mein erstes Beispiel soll Ihnen nun Ersatzbegriffe der Gruppe Nr. 3 demonstrieren. Sollten Ihnen dazu noch andere gute Ersatzworte einfallen, so schreiben Sie sie bitte hinter meine Beispiele.

Die Kennwortliste der 3. Gruppe:

Bardt   – Bart
Flamm   – Flamme
Floss   – Flosse
Harth   – hart
Tanner   – Tanne
Weppen – Wappen
Seidel   – Seide
Monheim – Mohn(blume) u. Heim od. Mond u. Heim
Lenk   – Gelenk od. Lenker
Döbel   – Dübel
Krupp   – Stahlwerk Krupp*
Leyer   – Leier(kasten)
Köster   – Küster ißt köstliche Speisen
Kahlen   – kahl
Erser   – Erster
Weiler   – (Eile mit) Weile od. (Lange)weile
Giere   – Gier
Simons   – Fa. Siemens*
Flesch   – engl. flesh (Menschenfleisch)
             od. flash (Blitz)
Binn   – Binnensee etc.
Wiegel   – Wiege od. Tiegel
Kerkmann – Kerker u. Mann
Beck   – Becks-Bier* od. Becken
Füssel   – Fussel
Rusche   – Rutsche

* Sollte Ihnen unter einem Namen eine Firma oder eine ähnlich klingende Firma bzw. eine Person oder Warenartikel bekannt sein, so greifen Sie auch darauf zurück.

An dieser Stelle gebe ich Ihnen nun bereits die ersten

Übungen, an denen Sie bitte das Umwandeln von Namen üben. Überlegen Sie sich zu den Übungen 101 und 102 in ähnlicher Form wie in unserem Beispiel Ersatzbegriffe. Stellen Sie sich auch zu den gefundenen Begriffen *Bilder* vor.

Übung 101

Hölzer	Abel
Nöll	Menden
Korke	Schlunz
Kniepen	Beuer
Spilles	Stump

Übung 102

Erkes	Reichelt
Klein	Schwerfen
Schmitz	Kleier
Giesen	Quicker
Röttgen	Alfer

Ich bin überzeugt, daß Ihnen diese Namen keine allzugroßen Schwierigkeiten bereitet haben. Sie können sich Ihre Ersatzbegriffe natürlich auch aus anderen Sprachen holen, wie ich es Ihnen an dem Beispiel *Flesch* schon gezeigt habe. Daraus erkennen Sie, daß Ihnen die Umwandlung von Namen *um so leichter* fällt, je *mehr Sprachen* (und damit Worte) Sie beherrschen und kennen. Wandeln Sie nun bitte die 20 Namen der Übung 103 so schnell wie möglich ab und stellen Sie sich die Ersatzworte bildhaft vor.

Übung 103

Bausch	Broich
Pohl	Genske
Gaiser	Frings
Krips	Heuken
Hendrikes	Knops
Schwern	Giese
Hertel	Heyne
Behles	Corsten
Mausbach	Sippold
Hillmann	Schafhausen

144

Nach der 3. Gruppe beschäftigen wir uns jetzt mit der Gruppe Nr. 4. Zuerst wieder eine Kennwortliste, die Ihnen viele Tips vermittelt.

Die Kennwortliste der 4. Gruppe:

Behrendt	– Bär rennt
Siedelhotten	– Siedeln u. Hotten (Totten)
Juraszcec	– Jura u. Scheck
Grandi	– Ghandi od. franz. grand
Mathai	– Mathe(matik) u. Hai
Angenent	– angenehm
Janusch	– Ja u. nuscheln
Klakow	– Klack! u. Kopf od. Koffer
Niedzilla	– niedlich u. Villa
Kenden	– Kendo (jap. Kampfart mit Schwertern)
Vondenhoff	– Von dem Hof
Liliana	– Liane (im Dschungel)
Kemp	– engl. camp
Troche	– Brosche od. Droschke
Vlatten	– flattern od. Platten
Bukowitz	– Buko (Käse) u. Witz
Züllich	– Zürich
Jokisch	– Jockey u. ich od. Kitsch
Dschugaschwili	– Schuh u. Asche u. Willi (Vorname)
Wisocki	– wie u. Socke
Tullius	– engl. tool u. us (lat. Endung)
Tuschec	– Tusche u. Ecke
Nicosia	– nicken u. kosen
Lortzinger	– Lord u. Singer (Nähmaschine)
Baronowsky	– Baron u. auf Ski(ern)

Ihre Aufgabe besteht nun wieder darin, die nächsten beiden Übungen zu übersetzen. Achten Sie bitte darauf, daß Sie zur besseren Übung jeden Ersatzbegriff vor ihrem geistigen Auge bildlich darstellen.

Übung 104

Offermann
Kruse
Ponowczek
Lucker
Fernados
Precht
Zons
Bodelschwing
Frangenberg
Ödekoven

Übung 105

Dittmann
Gielen
Caprivi
Jaspers
Personow
Vickerath
Grebel
Stilch
Eppenich
Michikio

Wenn Sie durch Zufall Bekannte oder Verwandte haben, deren Namen in unseren Übungen vorkommen, dann brauchen Sie natürlich nicht weiter zu übersetzen. Auch in der Praxis würden Sie Ihren Bekannten oder Verwandten als Assoziationshilfe nehmen, denn bekannte Personen stellen automatisch eine konkrete Erinnerung dar.
Machen Sie jetzt bitte die Übung 106 so schnell wie möglich, das heißt, versuchen Sie möglichst spontane Umwandlungen zu finden.

Übung 106

Karakansas
Stimmeran
Jelinec
Wachowsky
Zeiselhogen
Frenzlhoc
Scabbia
Bremmekamp
Nolden
Schluza

Ganner
Sistig
Plumm
Gröner
Nurtsch
Zantis
Zwettler
Albisch
Sefat
Wegert

Andere Namen: Obwohl ich es noch nicht erwähnt habe, ist es Ihnen sicherlich klar, daß unser Umwandlungsprinzip genauso für Städtenamen, Flüsse, Berge, Fabrikate, Firmen, Straßen usw. gilt. Bei Straßennamen besteht sogar noch eine Vereinfachung. Es gibt dort etwa 15 typische Endungen wie Straße, Weg, Gasse, Pfad, Allee, Ufer, Platz, Tor, Berg, Burg, Wall, Ring, Gürtel, Hain, Chaussee usw. Diese Endungen sind bereits konkret und müssen nicht mehr umgewandelt werden. Unter einem Platz oder einer Allee kann man sich sehr gut etwas vorstellen. Der abstrakte Rest eines Straßennamens wird natürlich noch umgewandelt und zusammen mit seiner typischen Endung in das gleiche Bild untergebracht. Die Ersatzbegriffe *aller Namen* wiederum assoziieren Sie dann mit der *Vorstellung*, die Sie von der entsprechenden Straße, dem entsprechenden Fluß oder der entsprechenden Stadt haben. Wenn Sie zum Beispiel jemanden besuchen, der am *Pannenberg* wohnt, dann werden Sie auf jeden Fall von dieser Person selbst oder von seinem Haus eine gewisse Vorstellung haben. Diese Vorstellung verknüpfen Sie mit dem Bild einer *Panne* die Sie auf einem *Berg* haben. Oder Sie müssen sich den Namen eines Berges merken, der vielleicht *Horte* heißt. Dies wandeln Sie in *Hort* um und stellen sich vor, wie auf diesem Berg ein Hort für Kinder errichtet wird. In der gleichen Art müssen Sie mit Flüssen, Städten, Fabrikaten und Firmen verfahren, um diese Namen zu speichern.

Bevor wir uns aber weiter mit Namen befassen, trainieren Sie Ihre Konzentration bitte wieder an den folgenden 5 Übungen.

Übung 107

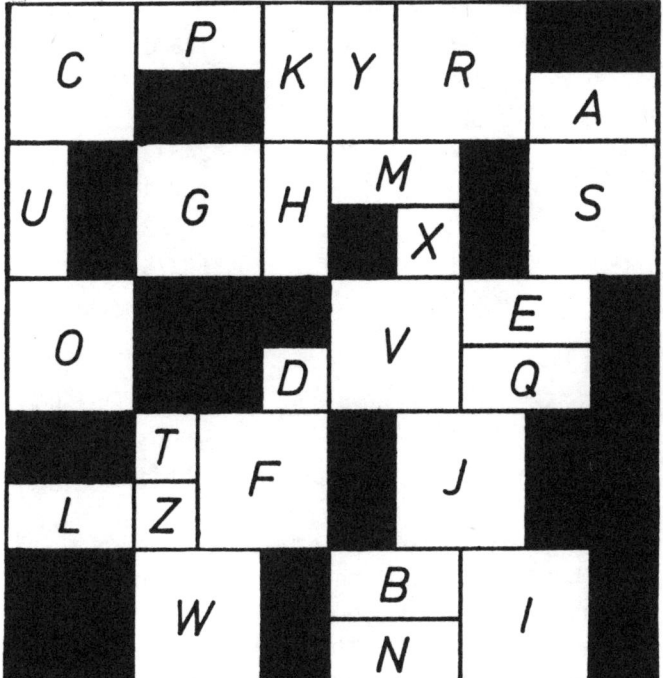

Übung 108

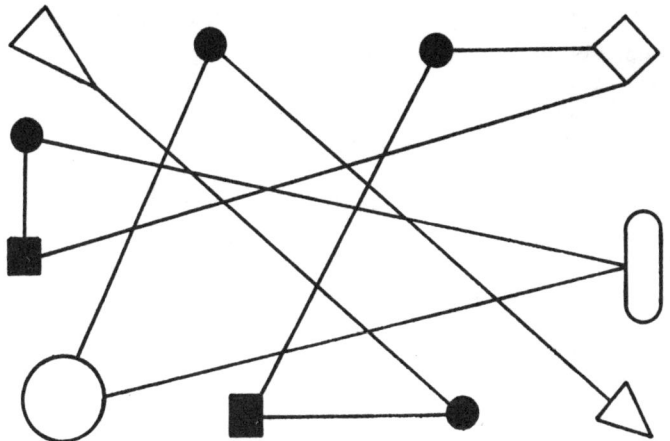

Übung 109
Unterstreichen Sie die Unstimmigkeiten

38574	37195	56385	12530
34574	27195	53385	18530
28473	97306	71231	74839
18473	97206	70231	34839
47382	67521	79804	24338
27382	66121	73804	21338
57489	98578	94782	66775
27489	98579	04782	66765

Übung 110

er wird versetzt	(1) gute Noten	(2) ein schlechter Schüler
ein spannender Film	(1) Museum	(2) Kino
(1) erfolgreich	sein Ziel erreicht	(2) versagt
(1) ich bin dafür	Zustimmung	(2) abgelehnt
(1) Motor	ein schönes Segelboot	(2) Wind
Kanonen	(1) Friede	(2) Krieg
(1) Pullover	(2) Badehose	Sommer
reich	(1) König	(2) Bettler
(1) nicht gelungen	Fehler	(2) alles bestens
sehr genau	(1) unsauber	(2) sauber

Übung 111
Wechseln Sie die Perspektive

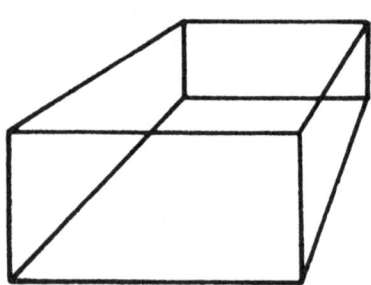

In der Übung 110 befassen Sie sich mit einem Training, das man auch als Ganzheitstraining bezeichnen könnte. Gemäß dem Klischee der Umgangssprache sollen Sie sich für eine bestimmte Zusammengehörigkeit zweier Begriffe oder Satzstücke entscheiden, und zwar so schnell wie möglich. Das gelingt Ihnen um so schneller, je größer Ihre geistige Blickspanne ist, das heißt, je größer der Zeilenausschnitt ist, den Sie gleichzeitig geistig verarbeiten können. Mit stetem Training werden Sie nach und nach Ihre geistige *Blickspanne* erweitern und ebenfalls Ihre *Reaktionsschnelle* erhöhen, wodurch Ihnen diese Übung immer leichter fällt. Das Resultat ist, daß Sie sicher und schneller Begriffe richtig erfassen und damit auch sehr bald schneller lesen werden. Aus diesem Gespräch finden Sie solche Übungen ebenfalls in einem Schnell-Lese-Training wieder.

Mit der Übung 112 gebe ich Ihnen 25 Namen, die den Gruppen 3 und 4 entstammen. Bitte beschäftigen Sie sich hier noch einmal mit der Umwandlung. Danach werden wir uns mit *Namen* und *Gesichtern* befassen.

Übung 112

Latzel	Lotz	Poter	Nettekoven
Setterich	Senger	Ristan	Schüller
Hermes	Kess	Grundies	Dörr
Zinka	Seinsch	Banze	Sevenich
Ponto	Ohlert	Effert	Narres
Stiggel	Fehmer	Emp	Menzel
			Teetz

Namen und Gesichter: Ich hatte davon gesprochen, daß Sie sich Personennamen in Verbindung mit dem Gesicht merken müssen, also *Namen* mit den *entsprechenden Gesichtern* assoziieren sollen. Das Verfahren dabei ist leichter, als Sie vielleicht vermutet haben.

Wenn Ihnen eine Person mit Namen vorgestellt wird, dann transformieren Sie zuerst einmal den Namen in der Art, wie Sie es schon geübt haben. Als zweiten Schritt schauen Sie sich das *Gesicht* Ihres Gegenüber *genau* aber *unauffällig* an. Starren Sie ihn auf keinen Fall wie ein Naturwunder an, es macht einen sehr schlechten Eindruck und ist überdies unhöflich. Während Sie sich nun das Gesicht betrachten, wird Ihnen irgendetwas auffallen. Vielleicht die Art der Ohren (groß, klein, fleischig, knochig, abstehend, angewachsene oder freie Ohrläppchen usw.) oder die Nase (dick, schmal, spitz, groß, klein usw.), vielleicht auch das Kinn (Doppelkinn, brutales Kinn, knochiges Kinn usw.). Jedes Gesicht wird sich durch irgendeine Besonderheit auszeichnen. Das *muß nicht* ein auffallendes Merkmal wie eine Narbe oder ein Muttermal sein, sondern kann sich ganz einfach in schmalen oder dünnen Lippen äußern, in einem großen oder kleinen Mund. Auch die Form und Farbe der Augen, der Augenbrauen oder Haare stellt für Sie ein Merkmal dar, das Sie als *Aufhänger* benutzen.

Dieses Merkmal assoziieren Sie nun mit dem Namen in folgender Weise. Herr *Pfeffer* zum Beispiel hat eine *Narbe* am Kinn. Sie streuen *Pfeffer* hinein und Herr *Pfeffer* muß niesen. Herr *Tanner* hat schräggestellte, buschige Augenbrauen, die Sie an eine *Tanne* erinnern. Herr *Behrendt* hat eine etwas schräge Nase. Ein *Bär rennt* hinter ihm her und erwischt ihn an der Nase.

Damit wäre also das Prinzip erklärt, wie der Name an das Gesicht »angehangen« wird. Gleichzeitig prägen Sie sich noch den Gesamteindruck des Gesichtes und der ganzen Person (auch die Gesten, die Stimme usw.) ein, denn *nur* an *einem* Merkmal werden Sie Ihr Gegenüber schwerlich wiedererkennen. Wenn Sie nun den Namen im Gedächtnis haben, dann rate ich Ihnen, diesen Namen mehrmals im Gespräch auszusprechen. Nennen

Sie Herrn Müller oder Herrn Meier ruhig mehrmals beim Namen, denn erstens prägt er sich dann noch besser ein und zweitens wird Herr Müller angenehm berührt sein, daß Sie auf seinen Namen Wert legen. Sie können sogar noch einen Schritt weiter gehen und sich den Namen buchstabieren lassen. Damit *beschäftigen* Sie Ihr Gedächtnis *noch intensiver* mit dem Namen und Herr Müller wird Ihre Anteilnahme sehr zu schätzen wissen.

Nach diesen Erklärungen sollen Sie nun einmal an gezeichneten Gesichtern Ihr Gedächtnis erproben, indem Sie die Methode der Gedankenverknüpfungen anwenden. In der Übung 113 sehen Sie 5 Gesichter mit Namen, für die Sie 1 Minute Zeit haben. Danach decken Sie Ihre Übung zu und erinnern sich bitte an die Namen der folgenden wiederkehrenden aber *vertauschten* Gesichter. Sie werden sehen, es ist ganz leicht.

Übung 113 (1 Minute)

Kerk- mann　　Scholz　　Berger　　Lodde　　Berten

In der gleichen Art verfahren Sie bitte mit etwas schwierigeren Namen in der Übung 114. Sie haben ebenfalls 1 Minute Zeit.

Übung 114

Hövel-
mann Boggel Sun-
gasch Taijow Eik

Bitte sehen Sie die Übung 115 als Generalprobe an.
Greifen Sie auf jede Möglichkeit zurück, um ein Merkmal in den Gesichtern zu finden. Es wird Ihnen bei *jedem*
Gesicht gelingen. In der Praxis sind Gesichter sogar
noch einfacher, da Sie dort dreidimensional und bewegt
erscheinen, was das Auffinden von Merkmalen wesentlich erleichtert. Machen Sie jetzt die Übung 115 in 3 Minuten.

Übung 115 (3 Minuten)

Depper Beele Illjanow Tullius Bastian

Freisen Tiets Bittner Nildau Sützener

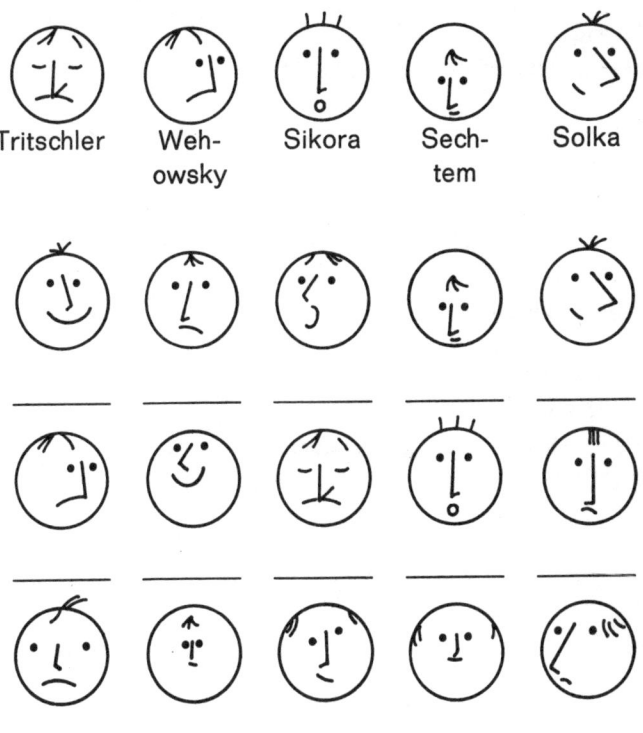

Tritschler   Weh-   Sikora   Sech-   Solka
owsky   tem

Gehen Sie nun auf unseren Test im Anfang des Buches zurück, und wiederholen Sie die Übung 8. Vergleichen Sie anschließend Ihr zweites Ergebnis mit dem ersten.

Es ist nun an der Zeit, die nächsten 5 Übungen für Ihr Konzentrationstraining zu absolvieren. Bitte achten Sie darauf, daß wieder eine Art Routine eintritt.

Übung 116 Gerade bzw. ungerade

364	584	988	736	645	123	073	473	362	687
867	251	877	994	355	235	867	968	435	216
584	978	647	212	665	774	870	403	745	124
557	352	110	983	475	943	758	432	643	829
329	739	192	739	620	004	561	778	452	080
374	785	998	746	332	611	757	867	739	066

Übung 117
Zählen Sie die Buchstaben a und e

Eine zunehmende Vertrautheit mit dem für eine Aufgabe nötigen Zubehör, das in diesem Fall die Messer sind, wird am besten durch den Umgang damit erreicht. Es gibt jedoch stets einen Punkt, wo das Herumprobieren unökonomisch wird und direkte logische Methoden an seine Stelle treten. Dieser Punkt wird bei jedem ...

Übung 118
Durch welchen Punkt geht der Kreis?
(Prüfen Sie mit dem Zirkel nach!)

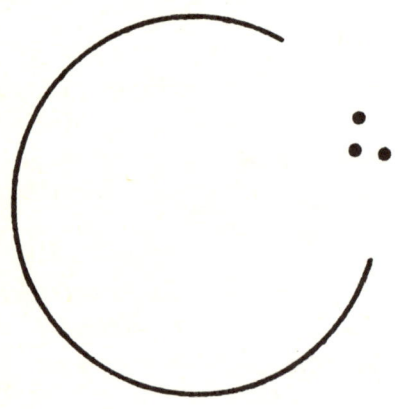

Übung 119
Kurzzeitgedächtnis

22 57 84	18 94 83	47 92 64
75 85 91	07 93 20	16 73 24
42 65 38	14 09 36	47 32 49

Übung 120

Die Übung Nr. 119 soll Ihr Kurzzeitgedächtnis trainieren. Die Funktion eines Kurzzeitgedächtnis hatte ich bereits erklärt. Aus diesem Grunde ist Ihnen auch die Wirkungsweise der Übung 119 klar, weshalb ich mir weitere Erklärungen sparen möchte.

Sie finden auf der nächsten Seite noch einmal alle 25 Gesichter wieder. Sie sollen sich ohne Zögern an die entsprechenden Namen erinnern. »Picken« Sie sich ein Gesicht nach dem anderen heraus, es wird für Sie eine sehr gute Übung sein.

Übung:

Nennen Sie die Namen aller Gesichter

8. Kapitel: Fremdwörter und Vokabeln

In einer französischen Universität war vor einigen Jahren folgende Aufschrift zu lesen: »Ein Intellektueller ist einer, der mehr Wörter benutzt, als er eigentlich braucht, um mehr zu sagen, als er weiß.«
Natürlich besteht die Möglichkeit, in einer Konversation die eigene Sprache derart mit Fremdwörtern anzureichern, daß dem Gesprächspartner »Hören und Sehen« vergeht. Aber davon einmal abgesehen, ist es immer von großem Nutzen, wenn das Gedächtnis leicht und mühelos Fremdwörter oder auch Vokabeln aufnehmen kann. Denken Sie nur an ein Studium, wo Sie ohne ein gewisses wissenschaftliches Vokabularium nicht auskommen. Oder Sie bilden sich in Ihrem eigenen Beruf weiter fort. Auch hier werden Sie mit einer Reihe von Fachbegriffen konfrontiert werden. Selbst das Verfolgen von politischen Nachrichten und Diskussionen auf dem Bildschirm verlangt das Verstehen einer Reihe von Fachausdrücken. Sie werden auch Sprachen viel leichter aufnehmen können, wenn Sie das *Assoziieren von Vokabeln* beherrschen. Ohne Übung (das werden Sie noch sehen) geht es natürlich auch hier nicht ab.
Wie Sie aber nun Fremdwörter und Vokabeln assoziieren, das möchte ich Ihnen in diesem Kapitel zeigen und ich kann ohne Übertreibung sagen, daß mit dieser Technik nach einiger Zeit Spitzenleistungen möglich werden, die bei 250 *Vokabeln oder Fremdwörtern in der Stunde* liegen.
Das Prinzip gleicht der Methode, die wir schon bei den Namen im vorangegangenen Kapitel geübt haben. Auf

der einen Seite steht wieder das Fremdwort oder die Vokabel (ähnlich einem Namen), die umgewandelt werden müssen, auf der anderen Seite diesmal die Übersetzung, die wie bei den Gesichtern konkret genug ist, sonst würde sie Ihnen nichts sagen. Für den späteren Gebrauch müssen Sie natürlich das Fremdwort mit seiner Übersetzung gedanklich verknüpfen und gehen dabei folgendermaßen vor.

Die Verknüpfung: Golilla zum Beispiel heißt *steifer Kragen* und ist ein deutsches Fremdwort. Um es sich zu merken, wandeln Sie als erstes *Golilla* in *Gorilla* um. Den Begriff *Gorilla* assoziieren Sie dann mit *steifer Kragen*. Ein *Gorilla* trägt einen *steifen Kragen* und fühlt sich dabei sehr unwohl. Würde ich Sie nun fragen, was *Golilla* heißt, dann sähen Sie sofort den *Gorilla* mit seinem *steifen Kragen* und könnten die Bedeutung ohne Zögern nennen. Wie bei den Namen, so brauchen Sie natürlich auch hier bei der *Umwandlung* etwas Routine. Aus diesem Grunde möchte ich Ihnen zu einer Reihe von Fremdwörtern wieder eine Kennwortliste geben, bevor Sie selber assoziieren müssen.

Die Kennwortliste der Fremdwörter:

Session	– Sessel u. Ion od. Sektion
Eklipse	– Ellipse od. (Ohr)klips
Fraktion	– Frack u. Aktion
Garant	– garantieren od. Garantie
Suada	– Soda
Chiffon	– Schiff u. Gong
Epilog	– Epi(leptiker) u. log (lügen, Vergangenheit)
Mob	– Mopp
Sekundanz	– Sekundant od. Sekunde u. Tanz
fertil	– fertig
Hypotaxe	– Hypnose u. Taxe
Pentose	– Penthouse od. (er) pennt u. Hose

Supposita	– Suppe u. Prosit
Notalgie	– Not u. Alge
firm	– Firma
Ren	– rennen
Kolla	– Koller
violent	– violett
Systole	– süß u. Stola od. Pistole
Markör	– Mark u. (Nadel)ör
Protist	– Protest
Florin	– Florian (Name)
Komitee	– komm mit Tee
Pampa	– Pampe
konsistent	– konsequent

Ich möchte Sie nun bitten, die folgenden zwei Übungen in der angegebenen Zeit zu bewältigen. Um Ihnen die Sache vorerst zu erleichtern, entstammen die Fremdwörter der beiden Übungen unserer Kennwortliste.

Übung 121 (4 Minuten)

Session	– Sitzung
Eklipse	– Sonnen- u. Mondfinsternis
Fraktion	– Vereinigung pol. Gleichgesinnter
Garant	– Bürge
fertil	– fruchtbar
Suada	– Beredsamkeit
Chiffon	– Lumpen
Epilog	– Schlußrede
Pentose	– Einfachzucker
Supposita	– Annahme

Übung 122 (6 Minuten)

firm   – fest, sicher
Notalgie   – Rückenschmerz
Ren   – Niere
Kolla   – Leim
violent   – heftig
Protist   – Einzeller
Markör   – Schiedsrichter
Florin   – Gulden
Pampa   – Grassteppe
Mob   – Pöbel
Sekundanz – Tätigkeit des Sekundanten
Hypotaxe – mittlerer Grad der Hypnose
Systole   – Zusammenziehung
Komitee   – leitender Ausschuß
konsistent – dickflüssig

Ich hoffe, Sie haben die vorgeschriebene Zeit nicht überschritten und sind mit Ihrem Ergebnis zufrieden. In den nächsten beiden Übungen bekommen Sie je 20 Fremdwörter, die wir vorher *nicht* besprochen haben. An diesen Übungen können Sie also objektiv ermessen, wie leicht Ihnen im Moment bereits die Praxis fällt. Bitte achten Sie wieder auf die Zeit.

Übung 123 (8 Minuten)

Stellage   – Gestell
lipoid   – fettähnlich
Parität   – Gleichstellung
Adrema   – Adressiermaschine
Pallasch   – schwerer Säbel
konsultativ   – beratend
Päonie   – Pfingstrose
Pinte   – Blechkanne
Butike   – schlechte Kneipe

exkludieren	–	ausschließen
Litoral	–	Strandzone
Katalekten	–	Bruchstücke
Reglement	–	Vorschrift
korrodieren	–	zerstören
eminent	–	hervorragend
Abdomen	–	Unterleib
Fiskus	–	Staatskasse
flambieren	–	abflammen
isomorph	–	von gleicher Gestalt
Ketsch	–	zweimastiges Segelboot

Übung 124 (8 Minuten)

Molasse	–	weicher Sandstein
Pinasse	–	Beiboot
Fraternität	–	Verbrüderung
Konkupiszens	–	Verlangen
Permiß	–	Erlaubnis
opportun	–	angebracht
Letter	–	Druckbuchstabe
Kakerlak	–	Küchenschabe
Euphorie	–	Rauschzustand
Buvette	–	Trinkstübchen
risoluto	–	entschlossen
Udometer	–	Regenmesser
Konvoi	–	Geleitzug
Halitus	–	Atem
gradatim	–	stufenweise
Bornit	–	Buntkupfererz
Astenie	–	Kraftlosigkeit
assai	–	genug
Assassine	–	Meuchelmörder
Antidot	–	Gegengift

Wir werden uns einige Übungen später mit lateinischen, englischen, französischen und spanischen Vokabeln beschäftigen. Bevor wir aber soweit sind, möchte ich Sie bitten, die nächsten 5 Konzentrationsübungen durchzuarbeiten. Versuchen Sie wieder, das Stadium der Routine zu erreichen.

Übung 125
Die letzte Zahl ist 34

Übung 126

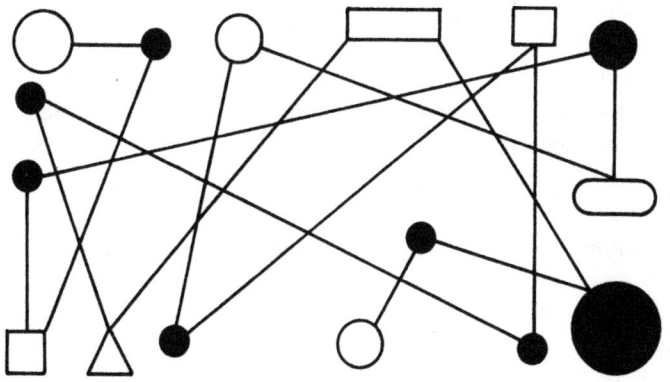

Übung 127
Unterstreichen Sie die Unstimmigkeiten

SKRNEU	EUFNBK	IZNBDE	OHKKRN
SKFNEU	EHFNBK	JZNBDE	OHKKPN
DKCMTI	LKOMUH	WGSQVM	SAGWBV
DKCNTI	LKMMUH	VGSQVM	CAGWBV
MBJGUA	WQAÄKÖ	ÄZMNOI	ÄDHVBE
MPJGUA	WOAÄKÖ	AZMNOI	ÄDEVBE
SDFEMH	TBFWQY	ÄUÄAFE	HNOZRW
SVFEMH	TBFWOY	AUÄAFE	HMOZRW

Übung 128

(1) bestimmt	ich weiß es	(2) unbestimmt
Unfall	(1) Glück gehabt	(2) so ein Pech
(1) ein heißer Tag	ich habe Durst	(2) Winter
dem Ziel nahe	(1) nur noch wenige Augenblicke	(2) in der Ferne

(1) gefährlich	starker Verkehr	(2) ungefährlich
die Uhr geht nach	(1) zu schnell	(2) zu langsam
(1) er sieht genau nach	(2) oberflächlich	gründliche Untersuchung
(1) exakte Aussprache	guter Vortrag	(2) nachlässig
der Film ist spannend	(1) gähnen	(2) aufgeregt
(1) klare Sicht	(2) dicker Nebel	gefahrloser Flug

Übung 129
Wechseln Sie die Perspektive

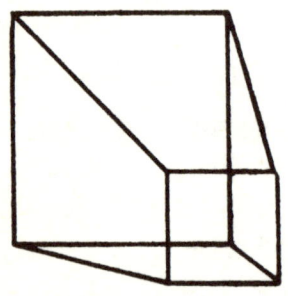

Um die Übung 129 zu erklären, muß ich auf meine Erläuterungen zurückgreifen, daß das menschliche Auge *relativ* arbeitet. Genauso wie Sie zum Beispiel Größenverhältnisse relativ erfassen, so werden Sie die Kippfigur in Übung 129 mal aus der einen und mal aus der anderen Perspektive sehen. Ihr Auge wählt mehr oder weniger nach Zufall die Perspektive aus, da ein vergleichender Anhaltspunkt fehlt. Wäre ein Teil der Linien einer solchen Figur gestrichelt, dann wüßten Sie, welche Kanten verdeckt und welche frei zu betrachten sind. Das wäre dann ein Anhaltspunkt, an dem sich Ihr Auge orientieren kann. Ohne diese Hilfen verändert sich Ihr Bild jedoch sprunghaft und unkontrolliert.

Mit Ihrer Konzentration sollen Sie nun versuchen, das Fehlen eines Bezugspunktes auszugleichen und die Figur in *der Weise* zu sehen, wie Sie es gerade gezielt bestimmen. Je schneller und exakter Sie das schaffen, um so besser ist Ihre Konzentration.

Die Sprachen: Bei Sprachen jeder Art sieht das Assoziationsprinzip genauso aus wie bei den Fremdwörtern. Hinzu kommt allerdings noch das wichtige *Sprachgefühl.* Ist es vorhanden, so sind Vokabeln leichter oder höchstens so schwer zu merken wie Fremdwörter. Wenn Sie aber eine Sprache neu erlernen, dann fehlt Ihnen vorerst das Sprachgefühl und die Vokabeln prägen sich viel schwieriger ein. In beiden Fällen wären es aber fast immer dieselben Ersatzbegriffe, auf die man zurückgegriffen hätte, um bildhafte Verknüpfungen aufzubauen.

Die Vokabeln, mit denen wir uns in diesem Buch befassen, entstammen der lateinischen, englischen, französischen und spanischen Sprache. Zur Erleichterung stelle ich wieder Kennwortlisten auf.

Lateinische Vokabeln:

pendere	– Pendel
parum	– Paar (Ehepaar) u. Rum
putare	– Puter
cubare	– Kuh u. Bahre
opera	– Oper
iratus	– Irrer u. rasen
potestas	– Protest od. Podest
alter	– (ein) alter (Mann)
cupere	– Cooper (bekannter Name)
vinculum	– Winkel u. Kuhle u. um
humilis	– Humus u. Miliz
carmen	– Charm od. Carmen (Oper)
saxum	– Saxe u. dumm
splendere	– blenden
premere	– Premiere

Schauen Sie sich diese Liste aufmerksam an und machen Sie dann die Übung 130. Da die Vokabeln dieser Übung der Kennwortliste entstammen, werden Sie keine Schwierigkeiten haben.

Übung 130 (6 Minuten)

pendere	– hängen	cupere	– wünschen
parum	– zu wenig	vinculum	– Fessel
putare	– glauben	humilis	– niedrig
cubare	– liegen	carmen	– Gedicht
opera	– Tätigkeit	saxum	– Fels
iratus	– erzürnt	splendere	– glänzen
potestas	– Macht	premere	– drücken
alter	– der andere		

Nun, Sie haben gesehen, daß Vokabeln ähnlich leicht wie Fremdwörter zu assoziieren sind. Etwas schwieriger wird die Sache in der Übung 131. Hier geht keine Kennwortliste voraus. Bitte halten Sie die Zeit zur Übung 131 genau ein.

Übung 131 (6 Minuten)

donare	– schenken	hortus	– Garten
filia	– Tochter	ambulare	– spazieren
delectare	– erfreuen	populus	– Volk
invitare	– einladen	exemplum	– Beispiel
pratum	– Wiese	tabula	– Tafel
herba	– Gras	exercere	– üben
rivus	– Bach	intrare	– eintreten
peregrinus	– Fremder		

Der nächste Schritt besteht für Sie darin, englische Vokabeln zu speichern. Zuerst eine kurze Kennwortliste, die Sie bitte konzentriert durcharbeiten.

Englische Vokabeln:

brick	– prickeln oder Brikett
firm	– Firma
rotter	– Rotte
grave	– gravieren oder Graf
distaste	– Distel und tasten od. dis (Musik) u. Taste
dial	– digital
dick	– dick
flank	– Flanke
to jabber	– sabbern
elector	– Elektro(gerät)
to nick	– nicken
to resume	– resumieren
to ret	– retten
leash	– lasch
to collate	– Koller und late (engl.)

Wenn es Ihnen bei einigen Vokabeln leichter fällt, aus *derselben* Fremdsprache bekannte Wörter als Ersatzbegriffe zu benutzen, dann tun Sie es bitte. Hierbei brauchen Sie dann *nicht mehr jedesmal* von einem *Sprachgefühl auf das andere umzuschalten!*
Machen Sie jetzt bitte die Übung 132.

Übung 132 (6 Minuten)

dial	– Sonnenuhr
dick	– Schutzmann
flank	– Weiche
to jabber	– plappern
elector	– Wähler
nick	– Kerbe
resume	– wiederaufnehmen
to ret	– rösten
leash	– Leine

to collate – vergleichen
brick – Ziegel
firm – Firma
rotter – Schuft
grave – Grab
distaste – Widerwille

Und nun eine Übung für französische Vokabeln. Bevor Sie die Übung 133 in Angriff nehmen, lesen Sie sich wieder die Kennwortliste durch. Oft sind die Ersatzbegriffe nach dem *Schriftbild* abgeleitet, wodurch das Suchen nach solchen Begriffen leichter fällt.

Französische Vokabeln:
décréter – discret
la fléche – Flechte
le cristal – Kristall
la paume – Pflaume
jongler – jonglieren
le gâteau – Gatter und Tor
le delai – delay (engl.)
la partie – (die) Partie
reprendre – Rebe und (es) brennt
le vase – Vase

Assoziieren Sie nun die Übung 133 und nehmen Sie die obige Kennwortliste zu Hilfe.

Übung 133 (4 Minuten)

décréter – beschließen
la fléche – Pfeil
le cristal – Kristall
la paume – innere Handfläche
jongler – gaukeln
le gâteau – Kuchen

le delai   – Aufschub
la partie   – Teil
reprendre – zurücknehmen
le vase   – Vase

Die vielleicht schwerste Übung besteht aus spanischen
Vokabeln. Schauen Sie sich auch hierzu unsere Liste an.

Spanische Vokabeln:
el libro   – liberté
la mesa   – mensa
el nombre   – hombre (Mensch)
la carta   – Karte
el sillon   – Silber und Ballon
la copa   – kopieren
la botella   – bottle (Flasche) oder Buddel (Flasche)
la puerta   – la porte (Tür) oder Pforte
el cenicero – Zähne und zerren
el alumno   – Alu(blech) und no

Verwenden Sie nun diese Liste für die Übung 134. Ich
glaube nicht, daß sie Ihnen noch große Schwierigkeiten
bereiten wird.

Übung 134 (4 Minuten)

el libro   – Buch
la mesa   – Tisch
el nombre   – Name
la carta   – Brief
el sillon   – Sessel
la copa   – Gläschen
la botella   – Flasche
la puerta   – Tür
el cenicero – Aschenbecher
el alumno   – Schüler

Bevor wir uns einer Generalprobe zuwenden, werden wir uns wieder mit Konzentrationsübungen beschäftigen. Arbeiten Sie bitte die folgenden 5 Übungen wie üblich durch.

Übung 135
Gerade bzw. ungerade

34   574   78   65   253   675   98   45   375   375
486   685   89   504   12 06   58   574   574   79
574 685   07 79 453 574   12 05   67   48
685   485   142   078   060   40   35   89   36   87

Übung 136
Zählen Sie die Buchstaben a und e

Die Kollineationen der projektiven Ebene haben Gruppeneigenschaft, weil ihr Produkt, ihre identische und ihre reziproke Abbildung wieder Kollineationen sind. Aus ihnen lassen sich mittels Untergruppen die kongruenten, ähnlichen und affinen Abbildungen der Ebene auf sich entwickeln. Innerhalb der projektiven Gruppe bilden nämlich die Kollineationen, die eine bestimmte Gerade in sich überführen, wieder eine Gruppe.

Übung 137
Durch welchen Punkt geht die Ellipse?
(Prüfen Sie ebenfalls nach)

Übung 138
Kurzzeitgedächtnis

22 36 47 38	68 48 36 91	36 68 93 04
37 85 95 12	89 06 48 21	85 34 01 37
84 99 29 12	09 26 40 12	43 71 27 74

Übung 139
(Konzentrationsfigur nach A. Zeddis)
Verfolgen Sie (nur mit den Augen) den Weg von
A nach B

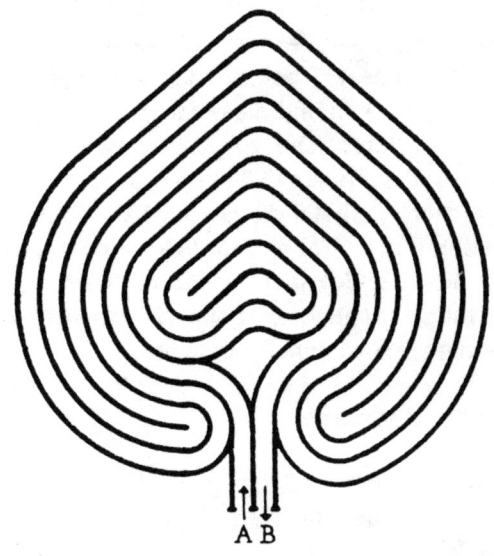

A B

An dieser Stelle erkläre ich Ihnen nun den letzten
Übungstyp unseres Konzentrationstrainings, und zwar
die Übung 139. Sie besteht darin, daß Sie entweder
Schlangenlinien verfolgen müssen oder aber Labyrinth-
wege durch Ihre Augen erfassen und fixieren sollen, um
einen bestimmten Ausweg zu finden. Dieses Training
ist vor allem wieder ein *Augentraining*. Ihre Augen gewöhnen sich daran, optisch komplizierte Figuren konsequent zu verfolgen. Sie erhöhen dadurch Ihre Fähigkeit,

beliebige Dinge der Umwelt exakter zu fixieren und auch zu verfolgen. Das kommt Ihnen im Straßenverkehr zugute und auch in vielen Berufen wie Technik und Elektronik (z. B. jede Art von Schaltplänen), ebenso auf dem Bausektor, wenn Sie nur einmal an Bauzeichnungen denken. Außerdem werden Ihre Augen wieder gestärkt und ermüden nicht mehr so leicht beim Lesen.

Die Generalprobe: Die letzte Übung in diesem Kapitel stellt eine Art Generalprobe dar. In dieser Übung treten alle vorher besprochenen Sprachen zusammen mit Fremdwörtern auf. Außerdem geht keine Kennwortliste voraus, Sie müssen selber die passenden Ersatzbegriffe dazu suchen und diese mit der deutschen Übersetzung assoziieren. Die vorgeschriebene Zeit ist gut bemessen und auf jeden Fall ausreichend.
Bitte speichern Sie jetzt die Übung 140 und machen Sie anschließend die Probe von *links nach rechts* (Sie schauen sich die Vokabel an und erinnern sich an die Übersetzung), danach umgekehrt, nämlich von der Übersetzung aus zu dem Fremdwort.

Übung 140 (16 Minuten)

e	oath	– Eid	F = Fremdwort
l	postremus	– der Hinterste	l = lateinisch
l	disputare	– erörtern	e = englisch
F	Beryll	– Edelstein	f = französisch
l	par	– gleich	s = spanisch
f	éclair	– Blitz	
s	el mundo	– Welt	
F	Miosis	– Pupillenverengung	
F	Parere	– Gutachten	
e	feast	– Festmahl	
f	gosier	– Kehle	
e	residual	– zurückbleibend	

e	niggard	– Knauser
f	pillage	– Plünderung
F	fungibel	– vertretbar
s	el helade	– Eiskrem
l	ferre	– hineintragen
l	funus	– Leichenbegräbnis
l	lepus	– Hase
e	nimbus	– Heiligenschein
e	to niggle	– trödeln
e	niblick	– Golfschläger
e	petrol	– Benzin
s	la cuenta	– Rechnung
s	la pelicula	– Film
l	lac	– Milch
l	ignis	– Feuer
l	agger	– Damm
l	ovum	– Ei
F	pekuniär	– geldlich
F	Epikrise	– Beurteilung
f	gavage	– Nudeln
f	chameau	– Kamel
l	facultas	– Fähigkeit
l	cinis	– Asche
s	el baile	– Tanz
e	to nip	– kneifen
e	reproof	– Vorwurf
l	semper	– immer
F	kardinal	– vorzüglich

Gehen Sie jetzt zurück zu unserem Test am Anfang dieses Buches und wiederholen Sie die Übung 12. Vergleichen Sie dann Ihr zweites Ergebnis mit dem ersten. Sie werden einen merklichen Unterschied feststellen.

9. Kapitel: Zahlen und Termine 1. Teil

Wir werden uns in diesem Kapitel mit Zahlen befassen und zwar mit den Zahlen von 1 bis 50. Sie werden lernen, wie Sie 40stellige Zahlen in nur 4 Minuten ohne Schwierigkeiten behalten können oder wie Sie sich 10 oder 20 Telefonnummern merken. Zu einer solchen Gedächtnisleistung ist ein ganz bestimmtes Zahlensystem nötig, nämlich das *große Kennwortsystem*. Dieses Zahlensystem kann praktisch jede beliebige Zahl ausdrükken und dient deshalb für Daten, Termine und Zahlenmaterial *jeder Art*. Als Grundlage dazu benutzen wir einen bestimmten Zahlencode, der von 1 bis 100 und von 01 bis 09 aufgebaut ist. Da dieser Code für nur ein Kapitel zuviel Material wäre, habe ich ihn in zwei Hälften aufgeteilt. In diesem Kapitel lernen Sie die erste Hälfte kennen, in Kapitel 10 die zweite Hälfte. Bevor wir uns aber dem Code selbst zuwenden, möchte ich Ihnen erklären, durch welche Überlegungen er überhaupt zustande gekommen ist.
Sie werden an den folgenden Erklärungen bereits sehen, daß Sie etwas Arbeit in dieses System stecken müssen. Aber das zahlt sich für Sie später auf jeden Fall wieder aus, denn Sie müssen immer daran denken, daß das Gedächtnis »wie ein Bankier ist, dem man Geld anvertrauen muß, um Zinsen zu erhalten«.
Schauen wir uns an dieser Stelle einmal eine Zahl wie 472643 an. Ihre Bestandteile sind die sogenannten Ziffern, von denen es nur 10 Stück gibt (die Ziffern 0 bis 9). Aus diesen wenigen Ziffern läßt sich tatsächlich jede beliebige Zahl durch Anreihen aufbauen und ausdrükken.

Von unserem kleinen Kennwortsystem her wissen Sie noch, daß wir Zahlen durch Ersatzbegriffe ausdrücken. Ein Ersatzbegriff für Zahlen ist demnach irgendein beliebiges *Wort* der deutschen Sprache, normalerweise ein *Hauptwort,* weil man damit gut arbeiten kann. Analysieren wir also einmal ein solches Hauptwort, zum Beispiel das Wort *Regenschirm.* Die Grundbestandteile, die wir hier vorfinden, sind Buchstaben. Insofern herrscht eine gewisse Ähnlichkeit im Aufbau zwischen Zahlen und Begriffen vor. Diese Ähnlichkeit gibt Anlaß zu folgenden Überlegungen. Würde ich jeder Ziffer von 0 bis 9 einen bestimmten Buchstaben des Alphabetes zuordnen, dann würde fast jedes Wort der deutschen Sprache *verschlüsselt* eine bestimmte Ziffernfolge und damit eine bestimmte Zahl enthalten. Und genau das hat man getan. Man ließ alle Vokale unberücksichtigt und betrachtete sich nur die Konsonanten eines Wortes, die rein gefühlsmäßig das »Gerüst« bilden. Auf diese Art und Weise entstand das folgende System.

Die Konsonantenzuordnung:

1 – T, D	6 – CH, SCH, X
2 – N	7 – K, CK, G, J, Q
3 – M	8 – F, PF, V
4 – R	9 – P, B
5 – L	0 – Z, S, C, ß

Die Ziffer 1 sieht ähnlich aus wie ein T. Beide haben nur einen Längsstrich. Das D ist sehr verwandt mit dem T, man bezeichnet es, wie Ihnen vielleicht bekannt ist, als weiches T. Der Ziffer 2 ist das N zugeordnet, weil das N zwei Längsstriche aufweist. Aanalog dazu hat der Buchstabe M mit etwas Phantasie drei Längsstriche, auf jeden Fall aber das kleine m. Schreibt man das Wort vier nieder, so ist der letzte Buchstabe ein R.

Also bedeutet die Ziffer 4 ein R. Die Zugehörigkeit von 5 und L läßt sich daran leicht merken, daß der römische Buchstabe L die Zahl 50 ausdrückt. Im Klangbild der 6 (sechs) steckt ein X oder CH. Hinzu kommt noch das SCH, das mit dem CH verwandt ist. Wenn Sie die Ziffer 7 nach rechts hin umdrehen, dann sieht sie mit viel Phantasie wie ein K aus. In der gleichen Klangfamilie stecken noch CK, G, J und Q, wobei das J und die 7 ebenfalls Ähnlichkeiten aufweisen. Zu 8 = F, PF und V kann ich Ihnen leider keine Gedächtnisstütze geben. Die 9 hat, wenn man sie nach rechts dreht, große Ähnlichkeit mit dem Buchstaben P. Hinzu kommt das »weiche« P, das B. Beim Roulette sagt man für 0 *Zero*. Deshalb die Zugehörigkeit von 0 = Z, S, C und ß. Es bleiben lediglich die drei Buchstaben W H Y übrig, was Sie sich gut an dem englischen Wort Why? merken können. Alle Vokale wie a, u, o, i, e haben ebenfalls keine Bedeutung, sie dienen nur zur Klangfüllung der Ersatzbegriffe. Wenn Sie nun an Hand dieses Systems das Wort *Regenschirm* übersetzen, so ergibt sich folgendes Bild:

R E G E N SCH I R M
4 7 2 6 4 3

In dem Wort Regenschirm steckt also bereits eine 6stellige Zahl. Eine ganz einfache Sache, nicht wahr?

Was Sie sich noch merken müssen, bevor wir weitergehen, ist die folgende Ausnahme bzw. Regel: Sollte einmal der gleiche Konsonant doppelt auftreten wie bei dem Wort *Mutter* so gilt zum Beispiel ein *doppel* tt wie *ein* t usw. Bitte übersetzen Sie nun in der Übung 141 die folgenden Wörter in Zahlen.

Übung 141   *Lösung:*

Garten   7412
Trompete   14391
Sand   021
Tanne   12

In der Übung 142 sollen Sie bestimmte Zahlen in Wörter umwandeln (hier gibt es oft mehrere Möglichkeiten.)

Übung 142   *Lösungen:*

121	Tinte, Tante, Tunte, Tand
321	Mond, Mund, Monat, Meineid
08	Sofa, Seife, Safe, Zopf
64	Schere, Schrei, Wischer
539	Lampe, Limbo, Lump
92	Bahn, Bann, Biene
05	Seil, Zelle, Sohle, Zoll, Zahl

Wie Sie sehen, gibt es für diese Zahlen sogar etliche Lösungen, von denen man sich die jeweils beste herausgreift. Vielleicht haben Sie mehr Möglichkeiten gefunden als ich, wenn nicht, dann versuchen Sie es, es gibt unzweifelhaft noch andere Begriffe, die auf diese Zahlen passen.

Sie erkennen sicher schon die außerordentliche Flexibilität dieser Kennwortmethode. Dennoch treten Schwierigkeiten auf, wenn Sie vielstellige Zahlen in Kennworte umwandeln möchten. Es wird Ihnen zum Beispiel nicht gelingen oder jedenfalls nicht auf Anhieb eine 8stellige Zahl in nur *ein* Wort abzuwandeln. Um dieser Schwierigkeit zu begegnen, sind für die Zahlen von 1 bis 100 und von 00 bis 09 bereits *feststehende* Ersatzbegriffe aufgestellt worden, mit denen Sie wiederum durch Aneinanderreihen jede längere Zahl ausdrücken können. Die Zahl 472643 zum Beispiel läßt sich erstens unterteilen in 47 26 43 und zweitens ausdrücken durch 47 = *Rock,* 26 = *Nische* und 43 = *Ramme.* Wenn Sie diese drei Worte in *einer Kette* assoziieren, dann haben Sie ebenfalls eine 6stellige Zahl ausgedrückt.

Bitte prägen Sie sich jetzt die folgenden 51 Kennworte ein, bevor wir damit bestimmte Übungen machen.

Das große Kennwortsystem:

0 – Hose	17 – Teig	34 – Meer
1 – Tee	18 – Topf	35 – Maul
2 – Noah	19 – Taube	36 – Masche
3 – Oma	20 – Nase	37 – Mücke
4 – Reh	21 – Niete	38 – Muff
5 – Löwe	22 – Nonne	39 – Mopp
6 – Schuh	23 – Name	40 – Rose
7 – Kuh	24 – Nero	41 – Rute
8 – Pfau	25 – Nil	42 – Rinne
9 – Bau	26 – Nische	43 – Ramme
10 – Dose	27 – Onko	44 – Rohr
11 – Tod	28 – Napf	45 – Rolle
12 – Ton	29 – Nabe	46 – Rache
13 – Dom	30 – Maus	47 – Rock
14 – Teer	31 – Matte	48 – Riff
15 – Diele	32 – Mine	49 – Rippe
16 – Tisch	33 – Mumm	50 – Lasso

Um diese Liste noch besser einzuprägen, machen Sie bitte die folgenden Übungen. Sie sind genauso zu behandeln, wie die Übungen unseres kleinen Kennwortsystems. Den Begriff *Feuer* müssen Sie mit *Hose* verbinden, *Zugführer* mit *Tee* usw.

Übung 143 (4 Minuten)

0 – Feuer	7 – Tasse	13 – Leitung
1 – Zugführer	8 – Liege	14 – Kunst
2 – Laden	9 – Vorsicht	15 – Skriptum
3 – Polter-	10 – Zeitung	16 – Brandsohle
abend	11 – Gegen-	17 – Zielscheibe
4 – Fliege	verkehr	18 – Manuskript
5 – Obdach	12 – Hosen-	19 – Vertrag
6 – Osterhase	boden	20 – Ölwechsel

Übung 144 (6 Minuten)

21 – tuckern	31 – vergessen	41 – starten
22 – danken	32 – erwachen	42 – gehen
23 – tänzeln	33 – aufmachen	43 – näseln
24 – winken	34 – stoßen	44 – knurren
25 – verspielen	35 – sausen	45 – schwanken
26 – schreiben	36 – trainieren	46 – freuen
27 – messen	37 – vermuten	47 – benötigen
28 – wetteifern	38 – lesen	48 – erholen
29 – vermummen	39 – bremsen	49 – schneiden
30 – aufdrehen	40 – verehren	50 – einfetten

Durch diese Übungen haben sich die Kennworte noch wesentlich besser eingeschliffen als zuvor. Bald wird Ihnen die Handhabung so leichtfallen, als würden Sie mit den ursprünglichen Zahlen selbst umgehen. Ich möchte Sie an dieser Stelle bitten, die feststehenden Symbole dieses Kennwortsystems *nicht* abzuändern, damit keine unvorhergesehenen Schwierigkeiten auftreten. Angenommen, Sie würden hier und da eigene Kennworte benutzen, dann kann es Ihnen geschehen, daß Sie für die Zahl 30 den Begriff *Maus* wie in unserem Beispiel assoziieren und für die Zahl 41 *Ratte* (in unserer Liste *Rute*). Die Gefahr, daß Sie *Maus* und *Ratte* zumindest später verwechseln ist sehr groß. Die gleiche Schwierigkeit tritt auch bei anderen Kennwortmöglichkeiten auf wie zum Beispiel bei 72 = *Kahn* und 91 = *Boot* oder 62 = *Schein* und 67 = *Scheck* usw. Hinzu kommt noch die Gefahr, daß Ihr gewählter Ersatzbegriff bereits in einem anderen System (Buchstabensystem, Morsesystem, ein anderes Zahlensystem) vorhanden sein könnte, was ebenfalls zu gefährlichen Verwechslungen führen kann und auch oft, wie es die Erfahrung gezeigt hat, führt.
Bitte machen Sie jetzt die Übung 145 innerhalb von 12 Minuten.

Übung 145 (12 Minuten)

0 – viereckig, zu	20 – Verein, Blätter
1 – aufmachen, immer	21 – verkaufen, bitter
2 – treudoof, malen	22 – Harke, Kette
3 – nett, prächtig	23 – fertig, an
4 – zanken, langhaarig	24 – Brieftasche,
5 – schnell, hier	Portemonnaie
6 – Schreibtisch,	25 – mahlen, anketten
anständig	26 – Schulen, zeigen
7 – tanzen, gegen	27 – riechen, satt
8 – Gesandter, darunter	28 – Deckel, betrügen
9 – zerstören, Hin-	29 – riechen, immer
tertreffen	30 – verschicken, für
10 – Tandem, Knochen	31 – pflücken, dünn
11 – Aufnahme, stoppen	32 – mager, blau
12 – unter, Holz	33 – groß, beleibt
13 – schauen, nicken	34 – dick, mauern
14 – Plage, bald	35 – Heilung, hübsch
15 – Wind, einzäunen	36 – klettern, reizend
16 – Pumpe, picken	37 – Dialog, sagenhaft
17 – Ziege, malen	38 – staunen, damit
18 – Kolben, schlecht	39 – mitunter, an
19 – Korn, reif	40 – für, Einschreibung

Weitere Konzentrationsübungen: Da alle Konzentrationsübungen, die in diesem Buch überhaupt vorkommen, erklärt worden sind, machen Sie bitte die noch folgenden Übungen, ohne daß ich dazu einen weiteren Kommentar gebe.

Übung 146

Übung 147

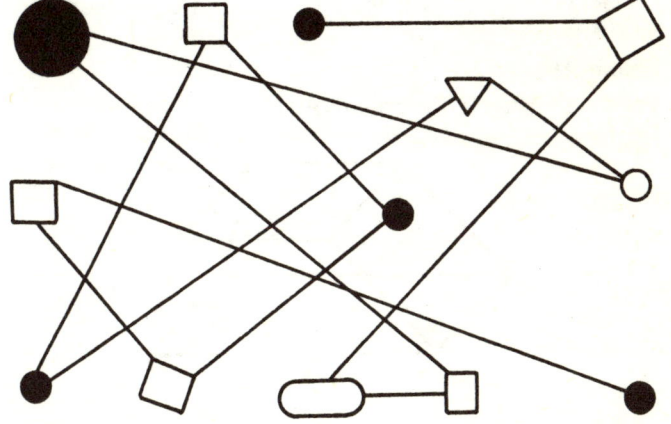

Übung 148
Unterstreichen Sie die Unstimmigkeiten

485729	675895	351275	675849
485429	675995	251275	675349
374850	112436	574197	978648
174850	112438	576197	979648
483768	432089	342145	879571
483758	432189	142145	879541
475211	898967	473822	919792
473211	698967	473922	918792

Übung 149

(1) ruhig	Wind	(2) unruhig
Kühltruhe	(1) kochen	(2) kühlen
(1) fliegen	(2) fahren	Flugzeug
(1) groß	Millionenstadt	(2) klein
(1) sauer	Zitrone	(2) süß
Vitamine	(1) gesund	(2) ungesund
(1) Fleisch	Gemüse	(2) Salat
schreiben	(1) links	(2) rechts
(1) dick	viel essen	(2) dünn
(1) Holz	(2) Metall	Bügeleisen

Übung 150
Wechseln Sie die Perspektive

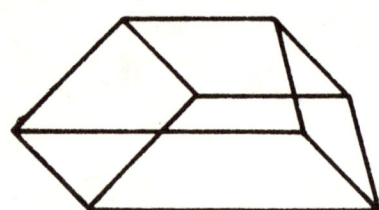

Ich setze nun voraus, daß Sie die Kennworte bereits im Gedächtnis haben und damit arbeiten können. Sollte das teilweise nicht der Fall sein, so haben Sie noch immer die Möglichkeit, die Symbole nachzuschlagen. Wir wollen uns nämlich an dieser Stelle mit längeren Zahlen befassen, die Sie wieder unter Zeitdruck assoziieren sollen. Ich hatte schon erwähnt, daß sich jede längere Zahl in zweistellige Zahlen unterteilen läßt. Hat eine solche Zahl eine gradzahlige Anzahl Ziffern, so geht die Rechnung genau auf. Herrscht eine ungradzahlige Anzahl Ziffern vor, so bleibt eine einstellige Zahl übrig. Sowohl für alle zweistelligen als auch für alle einstelligen Zahlen haben wir jedoch Ersatzworte zur Verfügung, die wir nur aneinanderreihen brauchen, um eine gewünschte Zahl zu assoziieren. Wie früher bei unseren Ketten (Kapitel 4) wird das erste Wort wieder mit *Ihrer Person* verknüpft, damit der Anfang der Kette greifbar bleibt. Nehmen wir das obige Beispiel der Zahl 472643. Sie müßten folgende Kette aufbauen: *Ich – Rock – Nische – Ramme.* Zum Beispiel kaufen Sie *(Ich)* einen *Rock*, er gefällt Ihnen nicht, Sie werfen Ihn in eine *Nische* und stellen eine riesige *Ramme* davor. Durch diese gedankliche Verknüpfung sind Sie in der Lage, die Kette vorwärts und rückwärts aus Ihrem Gedächtnis abzurufen. Das bedeutet aber, daß Sie die darin enthaltene *Zahl* ebenfalls vorwärts und rückwärts abrufen können, was Sie sich selber bitte jetzt an unserem Beispiel demonstrieren. Danach machen Sie die Übung 151 und die Probe dazu vor- und rückwärts.

Übung 151 (1 Minute)

13,34,26,17,48,12

Schwierigkeiten werden Sie sicherlich nicht gehabt haben, zumal ich die Zahl für Sie bereits unterteilt habe.

Wenn Ihnen ein Kennwort nicht einfällt, dann schauen Sie immer noch in unserer Liste nach. Über kurz oder lang werden sich die Ersatzbegriffe sowieso durch solche Übungen einprägen.

Erschrecken Sie nicht, wenn Sie die beiden folgenden langen Zahlen sehen. Sie werden Ihnen kaum mehr Mühe bereiten, als eine Kette von 10 oder 15 Worten.

Übung 152 (2 Minuten)

46,39,28,16,27,11,21,35,42,15

Übung 153 (3 Minuten)

14,22,31,18,49,38,50,19,24,36,25,32,45,23,29

Hoffentlich haben Sie daran gedacht, die Probe auch rückwärts zu machen. Wenn nicht, dann holen Sie es nach, bevor wir weitergehen.

Wie man sich Telefonnummern einprägt, ist Ihnen sicher schon längst klargeworden. Auf der einen Seite haben Sie schon Übungen mit Namen gespeichert, auf der anderen Seite Übungen mit Zahlen. Für eine Telefonnummer brauchen Sie lediglich beides zu kombinieren, den *Namen* mit der *Zahl*. Wenn Herr *Müller* die Nummer 261745 hat, dann stelle ich mir vor, wie ein *Müller* (Beruf) seinen Mehlsack in einer *Nische* ausschüttet, um daraus *Teig* zu machen. Er benutzt dazu eine *Rolle*. Das ist bereits Ihre vollständige Assoziation, um *Namen* und *Telefonnummer* zu speichern. Bitte machen Sie nun die folgenden zwei Übungen und halten Sie die Zeit wieder ein.

Übung 154 (8 Minuten)   **Übung 155** (8 Minuten)

Dose	2215	Trude	1439
Trump	1936	Happ	2844
Ganner	2448	Henze	3315
Pinnmann	4916	Moser	2512
Nicolay	2118	Klinger	4231
Weinand	3711	Maas	3846
Plumm	3029	Mosch	4717
Gracht	1750	Weiler	4334
Gröner	1326	Zingler	1137
Neugebauer	3645	Ludes	4832

Sie sind wieder ein gutes Stück weitergekommen, denn Sie haben die erste Hälfte des Zahlensystems bereits gut im Griff. Die zweite Hälfte werden wir im nächsten Kapitel besprechen und auch trainieren. Zum Abschluß dieses Kapitels machen Sie bitte noch die folgenden 5 Konzentrationsübungen, bis sich wieder Ihre Routine einstellt.

Übung 156
Gerade bzw. ungerade

58   364   97   86   475   384   970   37   44   497
374   968   57   485   089   24   11   46   225   67
465   786   07   83   57   47   078   142   447   330
475   78   34   214   231   78   968   574   08   03
58   47   217   398   574   131   690   574   34   91

Übung 157
Zählen Sie die Buchstaben a und i

Wie jeder aus dem Grammatikunterricht aus der Schule weiß, ist die Struktur einer natürlich entstandenen Sprache – auch natürliche Sprache genannt – nicht nur sehr kompliziert, sondern die Bedeutung vieler Sätze ist auch nicht eindeutig bestimmt. Diese Mängel resultieren aus der Entstehungsweise einer natürlichen Sprache. Sie sind schon im täglichen Leben manchmal recht beschwerlich und unangenehm und machen es fast unmöglich, daß eine natürliche Sprache als Maschinensprache verwendet werden kann. Aus diesen Gründen baut man ein entsprechendes Mitteilungs- ...

Übung 158

Die beiden mittleren Punkte sind gleich groß. Konzentrieren Sie sich und versuchen Sie, der optischen Täuschung entgegenzuwirken.

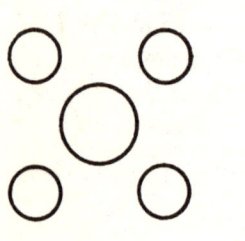 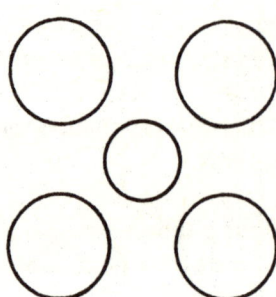

Übung 159

Kurzzeitgedächtnis

37 23 78 37 1	47 58 94 03 5	47 83 57 12 9
47 87 91 49 6	47 31 89 43 0	47 63 72 83 6
37 72 82 91 5	73 82 73 83 2	57 24 38 57 8

Übung 160

Finden Sie (nur mit den Augen) den Weg von Start
nach A

10. Kapitel: Zahlen und Termine 2. Teil

Obwohl Sie ja meist die Möglichkeit haben werden, eine Telefonnummer nachzuschlagen, ist es unzweifelhaft von Vorteil, bestimmte Nummern im Gedächtnis zu haben. Wenn wir die zweite Hälfte unserer Kennwortliste in diesem Kapitel besprochen haben, werden Sie in der Lage sein, *jede beliebige Telefonnummer* zu assoziieren, die Sie behalten möchten. Aber nicht nur Telefonnummern sondern eben alle Arten von Daten, Terminen, kurzum jedes beliebige Zahlenmaterial wird sich mit wenig Mühe einprägen lassen, wenn Sie mit den Ersatzbegriffen unserer Kennwortliste fließend umgehen können.

Hier also nun die zweite Hälfte unserer *Kennworte:*

51 – Latte	65 – Schal	79 – Kappe
52 – Leine	66 – Scheich	80 – Faß
53 – Lamm	67 – Scheck	81 – Pfote
54 – Lore	68 – Schiff	82 – Pfanne
55 – Lilie	69 – Scheibe	83 – Vim
56 – Leiche	70 – Käse	84 – Feier
57 – Liege	71 – Kitt	85 – Feile
58 – Lava	72 – Kanne	86 – Fisch
59 – Lippe	73 – Kamm	87 – Feige
60 – Schuß	74 – Karre	88 – Pfeife
61 – Schutt	75 – Kohle	89 – Vopo
62 – Schiene	76 – Koch	90 – Bus
63 – Schaum	77 – Geige	91 – Boot
64 – Schere	78 – Kaff	92 – Bahn

93 – Baum	99 – Popo	03 – Same
94 – Bär	100 – Dosis	04 – Säure
95 – Ball		05 – Zelle
96 – Busch	00 – Soße	06 – Seuche
97 – Backe	01 – Saite	07 – Sack
98 – Puff	02 – Sonne	08 – Sofa
		09 – Sieb

Damit sich diese Liste sicher einprägt, möchte ich Sie bitten, die Übungen 161 und 162 innerhalb der vorgeschriebenen Zeit zu speichern. Wie in Kapitel 9, so können Sie auch hier wieder die Symbole bei Bedarf nachschlagen.

Übung 161 (6 Minuten)

51 – Sensation	61 – Lanze	71 – Zank
52 – Zigeuner	62 – Schiefer	72 – Kuckuck
53 – Lustspiel	63 – Druckerei	73 – Karate
54 – Verein	64 – Völlegefühl	74 – Fußleiste
55 – Gericht	65 – Platten-	75 – Charme
56 – Produkt	spieler	76 – Ringer
57 – Netz	66 – Friseur	77 – Kontrast-
58 – Lotse	67 – Antenne	programm
59 – Lederhose	68 – Liter	78 – Flinte
60 – Streichholz	69 – Senf	79 – Fallschirm
	70 – Ausschnitt	80 – Gewehr

Übung 162 (6 Minuten)

81 – lutschen	87 – zerreden
82 – donnern	88 – lassen
83 – exerzieren	89 – wahrsagen
84 – wecken	90 – mieten
85 – geben	91 – tasten
86 – grüßen	92 – einreiben

93 – lieben	01 – übergießen
94 – lernen	02 – quietschen
95 – sonnen	03 – schnorren
96 – mieten	04 – wischen
97 – loben	05 – schneiden
98 – gleiten	06 – einseifen
99 – spritzen	07 – liefern
100 – assoziieren	08 – brüllen
00 – eröffnen	09 – pumpen

Die nächste Übung wird für Sie eine *sehr schwere* Übung sein, die Sie aber dann meistern können, wenn Sie bereits fließend mit den Kennworten umzugehen verstehen. Vielleicht sind Sie an dieser Stelle nicht ganz einverstanden mit dieser Übung oder Sie fragen allgemein, warum Sie sich eine solche Mühe mit diesem Buch machen sollen. Nun, freilich gibt es noch eine Reihe anderer Bücher, die wesentlich weniger Mühe und Arbeit bedeuten. Diese Bücher, die ebenfalls noch auf dem Markt zu haben sind, bringen entweder gar keine Übungen oder nur sehr wenige und leichte. Alle dort gestellten Aufgaben sind *zu einfach* zu lösen und es entsteht dadurch die *trügerische Vorstellung,* das Gedächtnis wesentlich verbessert zu haben, was sich jedoch in der Praxis nicht aufrechterhalten läßt. *Jedes Buch* also, daß Sie *nicht fordert,* vermittelt Ihnen erstens eine falsche Vorstellung von Gedächtnis und schult zweitens Ihr Gedächtnis so gut wie *nicht!* Wenn Sie auch für die Praxis einen wirklichen Nutzen haben wollen, dann müssen Sie die Mühe aufbringen, *mit Hilfe der Assoziationstechnik* alle Übungen in diesem Buch konsequent zu meistern. Verfallen Sie bitte *niemals* in den Fehler und lernen Sie auswendig, auch wenn es Ihnen hier und da schwerfallen sollte.
Machen Sie jetzt die Übung 163 und achten Sie auf die richtige *Reihenfolge* der doppelten Zuordnungen.

Übung 163 (18 Minuten)

51 – auf, traurig	80 – für, parieren
52 – Ehre, Regierung	81 – Stück, regnen
53 – Drucksache, Tüte	82 – Zitrone, finster
54 – Paßbild, rodeln	83 – zeigen, Elster
55 – Liebe, weinen	84 – Gräte, Zucker
56 – Anstalt, irren	85 – feige, nämlich
57 – Führerschein, ver-wechseln	86 – rechts, wieder
58 – Wichtigkeit, lang	87 – Ziege, Lektion
59 – mögen, Konto	88 – fest, Bett
60 – eben, Hochhaus	89 – beschweren, rot
61 – keifen, artig	90 – Geschichte, husten
62 – Braut, neben	91 – immer, Dollar
63 – natürlich, büffeln	92 – Colt, zerreden
64 – blond, wütend	93 – gewöhnen, meistens
65 – Schacht, wichtig	94 – Fertighaus, Sense
66 – vermählt, unter	95 – murmeln, Winter
67 – selbstverständlich, niedlich	96 – Stundenplan, mit
68 – Sägewerk, Unfall	97 – Eigenheim, bluten
69 – breit, bitten	98 – egoistisch, fern
70 – unverschämt, Wolkenkratzer	99 – Hallgerät, fingerdick
71 – Briefmarke, Stock	100 – federleicht, finster
72 – Dummheit, silbern	00 – Wiese, Leitung
73 – Kind, sonderbar	01 – Schlüsselbund, lieben
74 – Finte, winken	02 – Entstehung, sorgen
75 – Ofen, gestern	03 – mischen, ängstlich
76 – Zigarette, tippen	04 – Filter, gräulich
77 – Wahnsinn, grünlich	05 – Richtung, Ortschaft
78 – sittsam, bodenlos	06 – weiter, hinten
79 – Zeiger, binden	07 – Zahl, hüpfen
	08 – Kuppe, Fall
	09 – Station, Riese

Zahlenverknüpfungen: Der nächste Schritt ist wieder der, daß wir Kennworte hintereinander verknüpfen und dadurch längere Zahlen ausdrücken. Versuchen Sie auch hier wieder, die Zahlen vor- und rückwärts aus Ihrem Gedächtnis abzurufen.

Übung 164 (3 Minuten)

910458729402708662079971805583

Übung 165 (4 Minuten)

6578845996670553890168568574810951637687

Nun ist es Zeit, wieder 5 Konzentrationsübungen einzuschieben. Lassen Sie sich bei jeder Aufgabe genügend Zeit, damit sich das Gefühl der Routine entwickeln kann.

Übung 166
Die letzte Zahl ist 40

21		30		10	17	22	
5	25	1	19		12	33	9
		36				2	
34		28	14	32	27	35	20
40							7
3		15	24	11	26		16
		37	6	18			31
		23	8	29	38	13	
39	4						

Übung 167

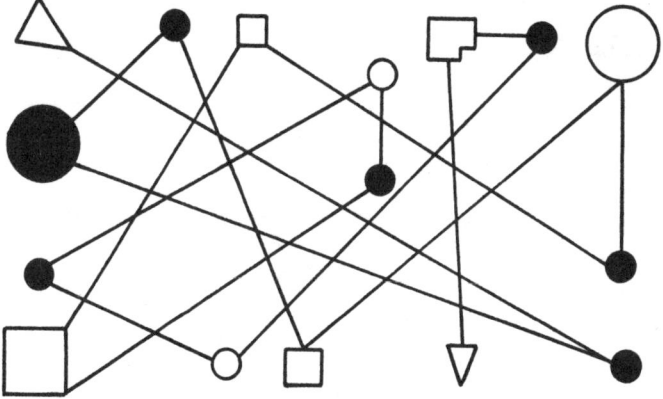

Übung 168
Unterstreichen Sie die Unstimmigkeiten

V56BN	EFG5H	RT567	4D4FB
V46BN	EFP5H	RT564	4B4FB
BU567	7Z6N3	DFGH4	76GH4
BA567	7Z5N3	DFGF4	76GE4
VZNR4	345F3	6TB43	GÖ607
WZNR4	344F3	6TB23	GÖ608
DHU3D	B34ED	GLÖT4	3DFG1
DEU3D	B34EB	KLÖT4	3DFG2

Übung 169

(1) viereckig	Kreis	(2) rund
(1) Daumen	(2) Zahn	Zahnarzt
(1) ich kenne dich	ein guter Freund	(2) unbekannt
(1) Radio	Musik	(2) Buch
Schule	(1) schlafen	(2) aufpassen
(1) jung	(2) alt	Oma
(1) Hütte	reich	(2) Villa
(1) Wiese	Wüste	(2) Sand
(1) schwimmen	Meer	(2) fliegen
Schnupfen	(1) Sommer	(2) Winter

Übung 170
Wechseln Sie die Perspektive

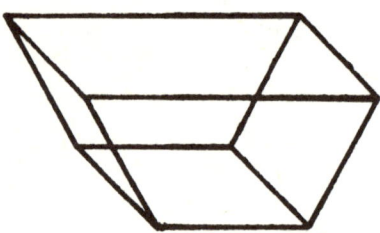

Wenn Ihnen die Konzentrationsübungen gefallen, dann versuchen Sie einmal, selber einige zu entwickeln. Auch durch das Entwickeln selbst verbessern Sie Ihre Konzentration erheblich. Versuchen Sie es einmal, es wird Ihnen sicher Freude bereiten.

(Im übrigen bin ich für Anregungen allgemein, die dieses Buch betreffen, sehr dankbar. Wenn Sie Anregungen haben, dann schicken Sie sie bitte an den Verlag, der sie weiter an mich senden wird. Im voraus für Ihre Mühe vielen Dank)!

Vollständige Telefonnummern: Wie im vorangegangenen Kapitel, so befassen wir uns auch an dieser Stelle mit Telefonnummern. In der Übung 171 beinhalten diese Nummern lediglich die Kennworte von 50 bis 100 bzw. von 00 bis 09, in der Übung 172 allerdings finden Sie die Symbole beider Kapitel vor. Bitte machen Sie jetzt diese beiden Übungen und versuchen Sie wieder, die Zeit einzuhalten.

Übung 171 (8 Minuten) **Übung 172** (8 Minuten)

Nolden	0356	Knuth	6921
Schallert	7289	Kartel	4537
Sefat	6475	Geimer	4879
Raschke	9307	Freis	2433
Kißel	6895	Nerlich	0539
Schleet	8354	Nöter	7006
Porschen	7682	Köhler	8153
Waffler	9166	Laddo	6821
Mösch	6584	Gampe	7140
Stuch	9405	Helbig	5016

Adressen: In der Übung 173 sehen Sie Straßen- und Wegenamen, die Sie sich merken sollen in Verbindung mit je einer zweistelligen Zahl. Die zweistellige Zahl können Sie schon als Hausnummer ansehen. Insgesamt stellt diese Übung eine Vorbereitung zur Assoziation von Adressen dar. Machen Sie jetzt bitte diese Übung in der vorgegebenen Zeit.

Übung 173 (12 Minuten)

51 – Holzweg	67 – Am Distelkamps-
52 – Kitschburgerstraße	garten
53 – Oscar-Jäger-Straße	68 – Charlottenstraße
54 – Bahnhofsplatz	69 – Mozartstraße
55 – An der Schleuterbach	70 – Auf der Fuchskaul
56 – Berliner Straße	71 – Aulgasse
57 – Barbarossastraße	72 – Auf dem Steinacker
58 – Heidestraße	73 – Ferrenbergstraße
59 – Am Urbacher Wald	74 – An der Schlade
60 – Tuckerweg	75 – Wahner Straße
61 – Am Wolfsgraben	76 – Breslauer Straße
62 – Im Jägersgarten	77 – Am Stichel
63 – Fauststraße	78 – Röntgenstraße
64 – Reuterstraße	79 – Im Falkenhorst
65 – Zur alten Fähre	80 – Porzer Ringstraße
66 – Panzerweg	

Die Übung 174 ist eine eigentliche Adressenübung, wobei die Hausnummern immer 4stellig sind. Ich gebe Ihnen 10 Minuten Zeit, um diese Übung zu speichern.

Übung 174 (10 Minuten)

Kolvenbackerplatz		Behlesplatz	Nr. 1564
	Nr. 6582	In der Lenz	Nr. 3485
Kettelweg	Nr. 3497	Joskanerstraße	Nr. 1257
Juchemstraße	Nr. 6670	Bendelberg	Nr. 3487
Hohen-Stauffen-Ring		Dollendorfer Straße	
	Nr. 0736		Nr. 2512
Stahenweg	Nr. 3478		

Für die Übung 175 haben Sie 12 Minuten Zeit. Auch hier sollen Sie noch einmal die Assoziationstechnik für Adressen üben.

Übung 175 (12 Minuten)

Justinianstraße	Nr. 5943	Schlodderdicherweg	
Selbinenweg	Nr. 3478		Nr. 9867
Gerhard-Stucker-Straße		Dormannstraße	Nr. 5631
	Nr. 4931	Offermannsheide	Nr. 4271
Zöllingerweg	Nr. 7498	Hubertusstraße	Nr. 1265
Wehrtersheidergasse		Klefhausgasse	Nr. 5032
	Nr. 1274	Jörgensmühle	Nr. 2433
Schoreshökberg	Nr. 1532	Adamstegerwaldstraße	
			Nr. 4639

Ein kombiniertes System: Eine solche Adressenübung können Sie natürlich beliebig erweitern, indem Sie noch den Namen einer Person, die Stadt oder die Telefonnummer mit hinzuziehen. Alle diese Fakten müßten Sie dann in *ein* Bild unterbringen, was Ihnen ja keine Schwierigkeiten mehr bereitet.

Das Zahlensystem selbst wenden Sie immer bei Daten, Fakten, Geschichtszahlen, Telefonnummern, allen Maßen wie Höhen von Bergen, Längen von Flüssen usw. in der Geographie, bei technischen Maßen und auch bei Formeln an. Grundsätzlich also immer dort, wo Sie sich Zahlenangaben merken müssen. Sie können diese Kennworte allerdings auch mit anderen Systemen kombinieren.

Wenn Sie sich an unser optisches System zurückerinnern, dann hatten wir uns damit unter anderem Termine gemerkt. Wir waren allerdings nur in der Lage, einen Tag in maximal 48 Stunden zu unterteilen. Sie erinnern sich, $1^1/_2$ bedeutete 1 Uhr 30 usw. Wenn Sie jedoch genauere Terminangaben brauchen, dann können Sie das große Kennwortsystem hinzuziehen. 1 Uhr 26 zum Beispiel würden Sie ausdrücken durch *Zauberstab* und *Nische*. 7 Uhr 58 assoziieren Sie als *Fahne* und *Lava*. Auf diese Art und Weise unterteilen Sie jede Stunde in 60 Minuten, was für Termine auf jeden Fall voll und ganz genügt.

Bei Geschichtszahlen kann ich Ihnen übrigens einen Tip geben. Es genügt, wenn Sie von einer Jahreszahl die letzten beiden Stellen speichern, da Sie ohne großes Nachdenken in der Lage sind, zwischen Jahrhunderten zu unterscheiden. Für 1936 assoziieren Sie nur *Masche*, für 1845 nur *Rolle* usw. Wenn Sie zum Beispiel speichern wollten, daß 1945 der Zweite Weltkrieg zu Ende ging, dann stellen Sie sich vor, wie das Ende des Krieges auf einer riesigen Pergament-*Rolle* verkündet wird. Mehr brauchen Sie nicht zu tun, um dieses Datum im Gedächtnis festzuhalten.

Bitte machen Sie an dieser Stelle wieder die nächsten 5 Konzentrationsübungen. Ich möchte Ihnen übrigens empfehlen, hier und da die Übungen aus den vorangegangenen Kapiteln noch einmal zu wiederholen, damit sie Ihnen noch leichter fallen.

Übung 176
Gerade bzw. ungerade

48	475	58	254	068	57	29	71	057	354
375	685	241	68	594	971	03	50	364	12
73	823	162	98	53	473	813	473	821	58
68	43	01	53	84	445	885	261	62	96
574	978	61	32	07	406	473	821	57	30
025	584	812	43	96	046	73	22	675	13

Übung 177
Zählen Sie die Buchstaben a, e und i

Ihre Stimme vermittelt anderen den Eindruck, (ob nun
sehr akkurat oder nicht), daß es sich bei Ihnen um einen
ganz bestimmten Typ handelt. Falls Ihre Stimme nicht
zu Ihrer Persönlichkeit paßt, wird sie den Eindruck von
Ihnen, den Sie . . .

Übung 178
3 Sterne

Übung 179
Kurzzeitgedächtnis

37485737	37219605	46328691
96847309	56128529	07850429
54303791	41362765	79843715

Übung 180
Finden Sie den Weg von Start nach A

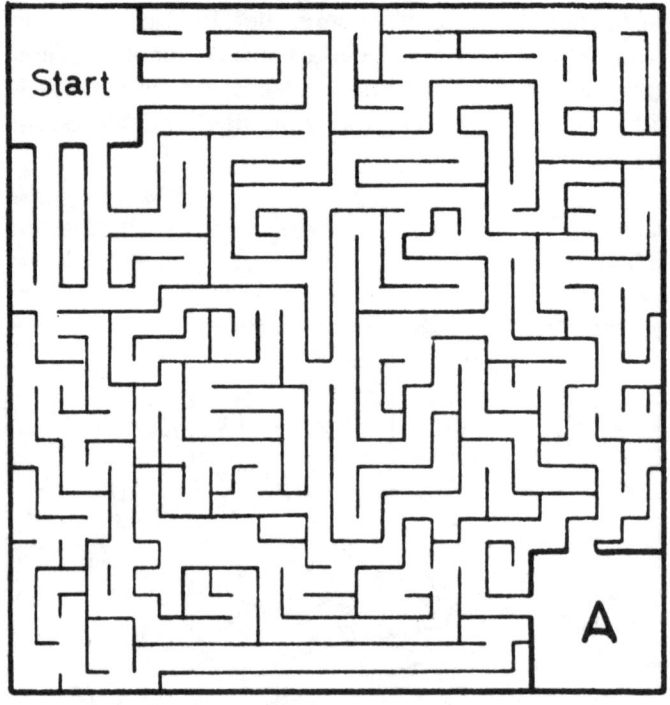

Das kleine Kennwortsystem: Ich hatte Ihnen verspro-
chen, weitere Anwendungsmöglichkeiten unseres optischen Systems zu nennen. Grundsätzlich verwenden
Sie dieses System nur dazu, Notizen zu assoziieren.
Vielleicht ergeht es Ihnen häufig so, daß Ihnen während
des Autofahrens gute Ideen kommen. Angenommen Sie
besitzen eine *Boutique.* Sie reisen mit Ihrem Wagen
oft auf Messen in einer anderen Stadt. Unterwegs
»hängen« Sie ihren Gedanken nach und plötzlich kommt
Ihnen der Einfall, als Dekoration in Ihrem Schaufenster
einen herrlichen alten Teller zu benutzen, den Sie kürz-
lich im Keller fanden. Was tun? Aufschreiben geht

schlecht, Sie brauchen beide Hände am Steuer. Bis zur nächsten Ampel warten ist mit dem Risiko verbunden, daß diese Idee bereits wieder aus Ihrem Gedächtnis verschwunden ist. Aber irgendwie möchten Sie diese Idee festhalten und dazu brauchen Sie sie doch nur mit dem Symbol für 0, also der *Seifenblase* zu assoziieren. Sie stellen sich vor, wie Sie Ihr Schaufenster mit dem bewußten Teller dekorieren und wie Sie obendrauf noch eine Seifenblase (z. B. aus Kunststoff) befestigen. Dann schieben Sie dieses Bild beiseite, denn es sitzt schon felsenfest in Ihrem Gedächtnis. Der nächste Gedanke, der Ihnen kommt, betrifft die beiden Quittungen, die Sie an einer bestimmten Stelle liegen haben, und die Sie dringend für Ihre Bilanz brauchen. Stellen Sie sich vor, wie Sie diese Quittungen mit dem *Zauberstab* aufspießen usw. Später brauchen Sie dann nur noch Ihre Symbole »abzutasten«, und wissen dadurch *lückenlos,* welche wichtigen Gedanken Ihnen während der Fahrt gekommen sind.

In der gleichen Art und Weise könnte ein Schüler verfahren, der ein Referat vorbereitet. Wenn ihm zu Zeiten, wo er sich nicht mit diesem Thema befaßt, zufällig gute Punkte für seine Stoffsammlung einfallen und er nicht die Möglichkeit hat, diese Ideen aufzuschreiben, so könnte er ebenfalls die einzelnen Punkte hinter die Symbole des optischen Systems assoziieren. Zu späteren Zeiten würde er dann diese Gedanken niederschreiben und sein Referat abfassen.

Das sind nur einige Beispiele von vielen, wie man das kleine Kennwortsystem anwenden könnte. Sie sehen, daß dieses optische System sehr wohl seine Berechtigung hat, obwohl das große System auch existiert. Immer dort, wo Sie mit dem großen System zuviel Aufwand treiben würden, benutzen Sie das kleine und immer dort, wo das kleine nicht ausreicht, greifen Sie auf das große System zurück. Auf diese Art und Weise werden Sie mit Zahlen keine Schwierigkeiten mehr haben.

Gehen Sie jetzt bitte zurück auf unseren Vortest und legen Sie das zweite Ergebnis der Übungen 10, 14, 16 und 18 fest.

11. Kapitel:
Das Morsealphabet und Kartentricks

Glauben Sie, daß Sie alle wichtigen Daten eines Jahres im Gedächtnis haben können, zum Beispiel die des Jahres 1974? Ich möchte Ihnen nämlich in diesem Kapitel einige weitere und bestimmt interessante Anwendungsmöglichkeiten unserer Assoziationstechnik schildern. Ich bin fest davon überzeugt, daß einiges von dem, was ich Ihnen in diesem Abschnitt demonstriere, auch für Sie von großem Nutzen sein kann. Da Sie nun schon eine erhebliche Erfahrung mit dieser Methode gemacht haben, beschränke ich mich auf die wichtigsten Erklärungen, die für das Verständnis der einzelnen Übungen notwendig sind.

Die Jahreszahlen: Sie sollen in die Lage gebracht werden, *alle Daten* des Jahres 1974 im Gedächtnis zu haben. Wenn ich Sie fragen würde, was für ein Tag der 3. 5. 74 war, oder auf was für ein Datum der 2. Montag im März 1974 fällt, dann müßten Sie die Antwort ohne Zögern geben können. Das Verfahren dazu ist so einfach, wie es Ihnen »schwer«fällt, eine 12stellige Zahl im Gedächtnis zu behalten, denn wenn Sie von jedem Monat des Jahres 1974 das Datum des jeweils ersten Sonntages wüßten (das sind 12 einstellige Daten), dann brauchten Sie von dort aus nur noch im Kopf weiterzurechnen, um auf Ihr gewünschtes Datum zu kommen.

Für das Jahr 1974 sieht das folgendermaßen aus: die jeweils ersten Sonntage eines jeden Monats fallen auf die Daten 6. 3. 3. 7. 5. 2. 7. 4. 1. 6. 3. 1. Für Sie ist das nichts weiter als eine 12stellige Zahl. Diese Zahl wandeln wir um in vier Symbole wie folgt: 63 = *Schwamm,*

3752 = *Mogeln*, 741 = *Karate*, 631 = *Schmied*. (Bitte stören Sie sich nicht daran, daß das zweite Symbol ein Verb ist, Sie können es sich ohne Schwierigkeiten bildlich vorstellen.) Indem Sie nun die vier Ersatzsymbole hintereinander assoziieren, haben Sie diese Zahl bereits im Gedächtnis. Wollen Sie wissen, was für ein Tag der 5. 2. 74 ist, dann nehmen Sie die 2. Ziffer (gleich 2. Monat) unserer Schlüsselzahl. Sie wissen damit bereits, daß der 3. 2. 74 ein Sonntag ist. Also muß der 5. 2. 74 ein *Dienstag* sein. Umgekehrt wissen Sie jedes Datum, wenn Sie Tag und Monat kennen. (Das ist eine gute Hilfe, wenn Sie das Datum des augenblicklichen Tages wissen möchten und keine Möglichkeit haben, nachzuschauen.)

Bitte prägen Sie sich nun die 12stellige Schlüsselzahl gut ein und machen Sie die folgenden zwei Übungen.

Übung 181

Nennen Sie aus dem Gedächtnis heraus die Tage zu den entsprechenden Daten:

2. 5. 74	22. 7. 74
3. 8. 74	14. 10. 74
9. 1. 74	8. 9. 74
12. 6. 74	30. 8. 74
1. 12. 74	4. 4. 74

Übung 182

Nennen Sie die Daten zu den entsprechenden Tagen:

3. Montag im Februar 74

2. Donnerstag im März 74

1. Samstag im Juni 74

2. Mittwoch im Juli 74

3. Dienstag im Oktober 74

Witze: Wenn Sie sich gerne eine größere Anzahl Witze merken möchten, dann können Sie dazu eines der Zahlensysteme benutzen, die wir bislang besprochen haben. Hinter die Ersatzbegriffe eines solchen Systems würden Sie je *einen oder sogar mehrere* Witze speichern, die Sie dann nach Bedarf abrufen könnten.

Machen Sie dazu bitte die folgenden Übungen, und speichern Sie jeweils 10 Witze Ihrer Wahl hinter die Ersatzbegriffe des großen Zahlensystems. Die Zahl 10 verknüpfen Sie mit dem ersten Witz, die Zahl 11 mit dem zweiten usw. Bei der Probe kommt es nicht auf die wörtliche Wiedergabe an, wichtig ist jedoch, daß Sie die Pointe unverzerrt wiedergeben können.

Übung 183a   **Übung 183b**

10			50	
11			51	
12	pro Zahl		52	ebenfalls
13	ein Witz		53	pro Zahl
14			54	ein Witz
15			55	
16			56	
usw. bis 20			usw. bis 60	

Das Buchstabenalphabet: Sollten Sie je in die Verlegenheit kommen, sich Autonummern oder andere Registriernummern merken zu müssen, in denen Buchstaben vorkommen, dann brauchen Sie wie bei Zahlen ebenfalls für Buchstaben Symbole. Das folgende Buchstabensystem, das ich Ihnen zeigen möchte, ist *optisch* aufgebaut, ähnlich wie bei unserem kleinen Kennwortsystem. Es wird Ihnen nicht schwerfallen, die Symbole im Gedächtnis festzuhalten und damit zu arbeiten.

Der Buchstabencode:

A – Zelt (sieht so ähnlich aus)
B – Busen (sieht so ähnlich aus)
C – Bumerang (sieht so ähnlich aus)
D – Flitzebogen (sieht so ähnlich aus)
E – Kamm (mit drei Zähnen)
F – Schublehre (od. Schraubzwinge)
G – Gondel (z. B. Seilbahn)
H – Turnreck (sieht so ähnlich aus)
I – Säule (sieht so ähnlich aus)
J – Hockeyschläger (sieht so ähnlich aus)
K – Signalmaat (gibt mit Flaggen Signale auf Schiff)
L – Stiefel (sieht so ähnlich aus)
M – eingestürzte Brücke (sieht so ähnlich aus)
N – Ruine (Decke von einer Längsseite nach unten
    gestürzt)
O – Ei (sieht so ähnlich aus)
P – Mann (mit stolzgeschwellter Brust)
Q – Plattenspieler (Zeichen auf Radiobuchse)
R – Denkmal (wie P, aber ein Bein vor)
S – Schlange (sieht so ähnlich aus)
T – Schieber (z. B. beim Roulette)
U – Hufeisen (sieht so ähnlich aus)
V – Vase (sieht so ähnlich aus)
W – Ziehharmonika (symbolische Ähnlichkeit)
X – Kreuzung (sieht so ähnlich aus)
Z – Z-Kurve (auf Verkehrsschild)
ß – Peitsche (am Stiel kurze herunterhängende
    Schnur)

Assoziieren Sie jetzt bitte die folgende Übung.

Übung 184

Autonummern:

EN 30 74   (Beispiel: *Kamm – Ruine –*
ZF 24 19   *Maus – Karre)*
AG 11 98
MB 37 86
IC 49 57

(Ein solches Alphabet könnte man auch für Kleinbuchstaben aufbauen. Hier einige Beispiele: e – Schlinge, h – Stuhl, i – Stecknadel mit Kopf usw.)
Dieses Buchstabensystem können Sie aber auch benutzen, um sich die *Rechtschreibung* von deutschen Worten oder auch von Fremdwörtern und Vokabeln einzuprägen. Hierzu ebenfalls einige Beispiele: Sie können sich nicht merken, daß *Lehrer* mit h geschrieben wird. Sie müßten also h mit Lehrer assoziieren, um diese Schreibweise endgültig einmal in Ihr Gedächtnis einzuprägen. Wenn Sie sich das h genauer betrachten, dann fällt Ihnen auf, daß es Ähnlichkeit mit einem *Stuhl* hat. Also assoziieren Sie: Ein *Lehrer* sitzt auf einem *Stuhl* (h).
Bei Vokabeln geht es ähnlich zu. Angenommen, Sie wollen sich merken, das *car* mit c geschrieben wird. Das kleine c sieht ähnlich aus wie das große C, deshalb stellen wir uns auch hier einen Bumerang vor. In ihrem Bild fliegt ein Bumerang in ein Auto, das c gehört also zu dem *Auto* (car).
Bei Fremdsprachen können Sie grundsätzlich immer die Symbole des großen Alphabets (unsere Liste) verwenden, da hier keine Groß- und Kleinschreibung beachtet werden muß. Bei Rechtschreibschwierigkeiten in der deutschen Sprache (sehr junge Schüler oder Ausländer) sollten Sie neben dem Alphabet für Großbuchstaben noch ein Alphabet für Kleinbuchstaben aufbauen

und beide je nach Bedarf anwenden. Aber bitte wenden Sie dieses System *nicht immer und ausschließlich* an, sondern *nur dann,* wenn Sie merken, daß sich die Schreibweise eines Wortes nicht auf dem üblichen Wege einprägen läßt. Gemeint sind also die Worte, deren Schreibweise »einfach nicht in den Kopf will«.

Übung 185

Bitte greifen Sie sich 5 *Vokabeln* oder *Fremdwörter* aus einem Buch heraus und stellen Sie wie in unserem Beispiel bildhafte Verbindungen zwischen dem Wort und dem zu merkenden Buchstaben her.

Konzentrationsübungen: Arbeiten Sie bitte die nächsten 5 Konzentrationsübungen wieder sorgfältig durch.

Übung 186   Die letzte Zahl ist 43

13 1 36 18 40 28
26 43 17 39 22 12
15 33 8 21
7 11 23 32
30 9 14 27 38 5
6 24 19 25 42
34 31
20 37 35 3 10
4 41 16 29 2

Übung 187

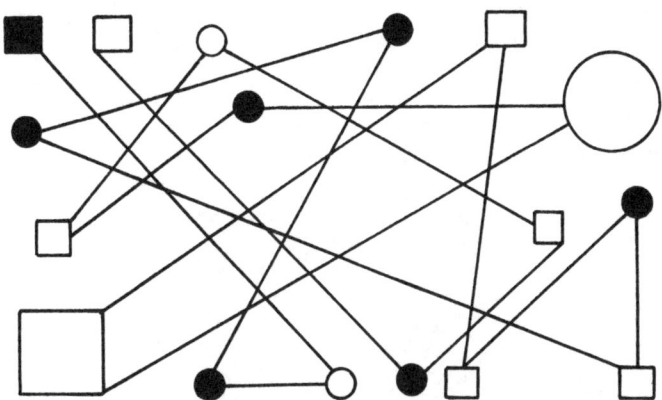

Übung 188
Unterstreichen Sie die Unstimmigkeiten

F6R48B	24RCD7	ZB43X1	NBMR6W
F5R48B	24RDD7	ZE43X1	NBNR6W
VBN471	V58DN2	1743E2	N37R47
WBN471	V58DM2	0743E2	N27R47
B34BND	MGH564	N6B3K9	MER89Q
E34BND	MGH563	M6B3K9	MER99Q
BWQ4E3	T54VB1	M1ÖZ8Ä	URV23Q
BWO4E3	T52VB1	M1ÖZ3Ä	URW23Q

Übung 189

Katze	(1) tauchen	(2) klettern
(1) tanzen	(2) beten	Kirche
ich bin müde	(1) Bett	(2) Hocker
(1) knistern	Sturm	(2) heulen
Abenteuer	(1) langweilig	(2) aufgeregt
von vorne anfangen	(1) zuende	(2) noch einmal

bezahlen	(1) kaufen	(2) stehlen
(1) traurig	Hochzeit	(2) fröhlich
(1) Pfütze	(2) See	baden
Turm	(1) klein	(2) hoch

Übung 190
Wechseln Sie die Perspektive

Das Morsealphabet: Haben Sie jemals versucht, sich das Morsealphabet einzuprägen? Wenn ja, dann wissen Sie, wie schwer es sich einprägen läßt und wie leicht man es wieder vergißt. Der Grund liegt ganz einfach darin, daß das Morsealphabet außerordentlich abstrakt ist und im Zusammenhang mit dem ähnlich abstrakten Buchstabenalphabet nur mühsam haften bleibt. Wenn wir das Morsealphabet mit unserer Methode bewältigen wollen, dann müssen wir das Buchstabenalphabet und das Morsealphabet durch konkrete Symbole ersetzen und jeweils die entsprechenden Symbole miteinander gedanklich verknüpfen. Für das Buchstabenalphabet haben wir bereits gute Symbole, für das Morsealphabet werden wir Symbole nach folgendem Schema aufbauen.
Die gesamte Codeschrift besteht nur aus Punkten oder Strichen. Also werden wir versuchen, diese Punkte und Striche zu ersetzen. Ein Punkt soll ab jetzt immer ein r bedeuten, ein Strich immer ein t. Das Morsezeichen für A ist · −, daraus ergeben sich die Buchstaben r t. Wir dürfen nun aus r und t durch Hinzufügen beliebig an-

derer Buchstaben vollständige Wörter machen, aus r t zum Beispiel das Wort *Ort*. So ergibt sich also für jedes Morsezeichen ein konkreter Begriff. Lesen Sie sich nun einmal die vollständige Liste durch, bevor wir weitergehen.

A = · −	Ort		N = − ·	Tor
B = − · · ·	Terror		O = − − −	Patentante
C = − · − ·	Tortur		P = · − − ·	Rotator
D = − · ·	Torero		Q = − − · −	Attraktion
E = ·	Ohr		R = · − ·	Reiter
F = · · − ·	Narrentreffen		S = · · ·	Rororo
G = − − ·	Theater		T = −	Tau
H = · · · ·	Röhrenreiniger		U = · · −	Anrührtopf
I = · ·	Ruhr		V = · · · −	Herrscherstab
J = · − − −	Ratatat		W = · − −	Rotte
K = − · −	Torte		X = − · · −	Betriebsrat
L = · − · ·	Rietrohr		Y = − · − −	Tragetüte
M = − −	Tüte		Z = − − · ·	Totengräber

Wenn Sie jetzt das Morsealphabet assoziieren wollen, dann sieht die ganze Sache sehr einfach aus. Das Symbol für A ist Zelt, das Symbol für · − ist Ort. Also stellen Sie sich vor, wie ein *Zelt* an einem einsamen *Ort* aufgebaut wird. Bei B müssen Sie *Busen* und *Terror* assoziieren, bei C *Bumerang* und *Tortur* usw. Nach 26 solcher Bilder haben Sie bereits das Morsealphabet im Gedächtnis, was Ihnen keine Schwierigkeiten mehr bereiten dürfte.

Übung 191

Bitte assoziieren Sie jetzt den Morsecode in der angegebenen Weise und machen Sie die Probe in zwei Richtungen, erstens von den Buchstaben aus hin zu den Morsezeichen und zweitens von den Zeichen aus zu den Buchstaben.

Die 12 Monate: Wenn Sie sich hier und da bestimmte Monate merken müssen, dann brauchen Sie ebenfalls für solche Monatsnamen bestimmte Symbole. Die Symbole, die ich Ihnen dazu vorschlage, sind zum Teil klangähnliche und zum Teil symbolisierte Ersatzworte.

JANUAR   – SCHNEE
FEBRUAR   – FIEBER
MÄRZ   – NERZ
APRIL   – PRIL

MAI   – MAIGLÖCKCHEN
JUNI   – EIS (AM STIEL)
JULI   – GULLI
AUGUST   – CLOWN

SEPTEMBER – SEPP
OKTOBER   – KLAVIER (OKTAVE)
NOVEMBER – NOVA
DEZEMBER   – LEERER KALENDER

Übung 192

Bitte assoziieren Sie die 12 Monate hintereinander, und machen Sie dann die Probe *rückwärts.*

Die Geographie: Oft fällt es schwer, sich die Form eines Erdteils oder eines Landes mit seinen Grenzen zu merken. Das liegt aber nur daran, daß diese Formen einfach zu abstrakt sind, um sich leicht einzuprägen. Die Form von Italien zum Beispiel läßt sich gut merken, da sie einem Stiefel sehr ähnlich ist. Würden Sie nun versuchen, in einem anderen Lande wie vielleicht Spanien eine entsprechend konkrete Form zu sehen, dann hätten Sie dieses Problem bereits gelöst. Genauso helfen Sie sich mit Sternbildern, denen Sie ebenfalls eine gut vorstellbare Form geben müssen, um Ihre Gestalt im Gedächtnis zu behalten.

Übung 193

Greifen Sie sich 5 Länder aus dem Atlas heraus, und geben Sie diesen eine konkrete Form.

Übung 194

Greifen Sie sich zwei Sternbilder heraus oder zeichnen Sie einfach willkürlich beliebige Punkte auf ein Blatt Papier und geben Sie diesem Gesamtbild eine gut vorstellbare Form.

Die Gruppenordnung: Nicht immer ist die Kettenassoziation die einfachste Lösung, um sich zum Beispiel 10 oder mehr Gegenstände zu merken. Stellen Sie sich einmal vor, Sie würden auf einem Bild die folgenden Gegenstände sehen:
Stuhl Strumpf Bett Tisch Schrank Schuh Lampe Vase Hose Teller.
Bei unserer üblichen Kettenverknüpfung müssen Sie diese Gegenstände in einem Bild von links nach rechts hin aufbauen. In unserem Falle soll jedoch die Reihenfolge der Begriffe ohne Bedeutung sein, so daß Sie auf eine andere Möglichkeit der Assoziation zurückgreifen könnten. Stellen Sie sich die verschiedenen Gegenstände einfach in den folgenden Gruppen bildhaft vor:
Tisch Stuhl Vase Teller   Hose Strumpf Schuh Schrank Bett Lampe.
Sie sehen, daß sich die 10 Wörter durch diese Gruppenordnung sofort einprägen, ohne daß Sie sich besonders anstrengen mußten.

Übung 195

Schreiben Sie wahllos 15 Gegenstände nieder und prägen Sie sich diese in Gruppen ein.

Kartentricks: Als letzte Variante der Assoziationstechnik möchte ich Ihnen gute Symbole für die 52 Karten des *Kanasta*-Spiels zeigen. Alle Symbole (immer abgesehen von den letzten 2) der Kreuz-Reihe fangen mit K an, die der Herz-Reihe mit H, die der Pik-Reihe mit P und die der Karo-Reihe mit R. Gleichzeitig entsprechen diese Symbole dem Zahlenschema, nachdem das große Kennwortsystem aufgebaut ist. Es wird Ihnen sehr leicht fallen, diese Symbole aufzunehmen und sie werden Sie befähigen, den gesamten Verlauf eines Kartenspiels im Gedächtnis zu verfolgen. Ihre Chancen zu gewinnen werden sich dadurch in einigen Spielen beträchtlich erhöhen.

Kreuz	Herz	Pik	Karo
As – Kette	As – Hut	As – Pate	As – Rute
2 – Kanne	2 – Henne	2 – Panne	2 – Rinne
3 – Kamm	3 – Heim	3 – Puma	3 – Ramme
4 – Karre	4 – Haar	4 – Paar	4 – Rohr
5 – Kohle	5 – Hölle	5 – Pelle	5 – Rolle
6 – Koch	6 – Haxe	6 – Pech	6 – Rausch
7 – Koje	7 – Hacke	7 – Pocke	7 – Rock
8 – Kaff	8 – Huf	8 – Puff	8 – Riff
9 – Kappe	9 – Hieb	9 – Popo	9 – Rippe
10 – Katze	10 – Hetze	10 – Petze	10 – Ritze
B – Kreuz	B – Herz	B – Pik	B – Karo
D – Königin	D – Königin	D – Königin	D – Königin
K – König	K – König	K – König	K – König

Machen Sie nun bitte zum Abschluß dieses Kapitels die letzten 5 Konzentrationsübungen. Nehmen Sie sich noch einmal genügend Zeit, um Ihre Routine aufzubauen, Sie wissen ja, wie wichtig das für Sie ist.

Übung 196 Gerade bzw. ungerade

```
38   483  58   472  821  068  75   372  37   704
483  546  803  12   54   67   43   768  482  184
473  857  971  317  41   93   56   61   57   931
584  38   048  912  432  43   76   435  87   96
374  121  003  760  463  030  682  12   69   93
473  86   012  432  45   62   352  687  913  063
594  571  069  43   03   09   713  057  340  361
```

Übung 197
Zählen Sie die Buchstaben a, u und o

Es ist Aufgabe der Kreativen, alternative Werbekonzeptionen zu entwerfen. Über die Auswahl dieser Entwürfe sollte aber nicht nach subjektivem Dafürhalten, sondern nach objektiven Maßstäben geurteilt werden. Ein Kommunikationswissenschaftliches Kontroll-Modell (KKM) kann diese Maßstäbe liefern. Eine erzielte emotionale Erregung muß, um kontrolliert zu werden, gemessen werden. Die empfindlichsten Meßverfahren sind psychophysiologische Verfahren.

Übung 198 5 Sterne

Übung 199 Kurzzeitgedächtnis

57 48 29 43 72	89 84 81 20 37	79 75 38 19 02
85 73 17 38 23	08 65 04 28 91	47 12 95 04 63
73 81 93 04 73	12 73 85 09 40	27 14 83 93 03

Übung 200
Verfolgen Sie (nur mit den Augen) den Weg vom Eingang bis zum Ausgang

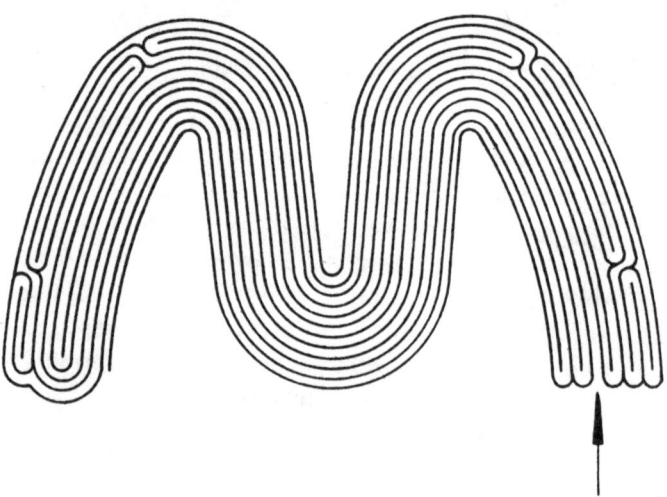

Gehen Sie nun zurück zu unserem Vortest und machen Sie dort bitte alle noch übriggebliebenen Übungen, auch alle dort vorhandenen Konzentrationsübungen, und ermitteln Sie jeweils das zweite Ergebnis. Zählen Sie dann die Gesamtpunktzahl der zweiten Ergebnisse zusammen und vergleichen Sie das Endergebnis mit der Gesamtpunktzahl des ersten Tests. Stellen Sie bitte fest, ob Sie die 3fache Punktezahl erreicht haben. Sollte das nicht der Fall sein, dann nehmen Sie sich noch einmal die Übungen vor, bei denen Sie *am schlechtesten* abgeschnitten haben, und versuchen Sie, Ihre Assoziationstechnik besser auszufeilen. Dadurch werden Sie das Ziel dieses Buches sehr schnell erreichen.

12. Kapitel: Psychologie und Lerntheorie

Dieses letzte Kapitel soll dazu dienen, Ihnen in den wichtigsten Zügen weitere theoretische Hintergründe darzulegen, die einmal die Psychologie des Gedächtnis angehen und zum zweiten die sogenannte Lerntheorie, von der Sie vielleicht schon etwas gehört haben.

Als erstes möchte ich Ihnen einige Möglichkeiten erklären, wie Sie Ihr eigenes Gedächtnis psychologisch geschickt anfassen können, so daß es für Sie noch mehr leistet als bisher.

Der erste wichtige Punkt ist die Wiederholung des Lernstoffes. Sie wissen sicher aus eigener Erfahrung, daß Wiederholen und Wiederholen zweierlei ist. Wenn Sie sich zum Beispiel eine Reihe von Vokabeln eingeprägt haben und diese sofort hernach 5- bis 6mal wiederholen, dann prägen sich diese Vokabeln *nicht besser* ein, sondern Ihr Eindruck von diesen Vokabeln beginnt sogar noch zu verschwimmen. Hätten Sie diese Vokabeln 5 Tage lang, jeden Tag also einmal, wiederholt, so hätten sie sich sehr gut im Gedächtnis festgesetzt. Es scheint demnach ein Unterschied darin zu bestehen, in *welchen Abständen* Sie wiederholen. Der richtige Abstand bei der Wiederholung ist also wichtig. Da jeder Mensch etwas anders reagiert, kann man für den richtigen Abstand des Wiederholens nur pauschal eine Regel geben.

Wenn Sie sich irgend etwas einprägen, dann wiederholen Sie es bitte nur so oft, bis es sich gerade lückenlos eingeprägt hat. Die nächste Wiederholung müßte nun gerade dann erfolgen, bevor Sie anfangen, irgend etwas von diesen Fakten wieder zu vergessen. Diese Zeitspanne können Sie mit ungefähr 10 Stunden ansetzen. Wiederum das nächste Mal wiederholen Sie dann nach 20 Stunden, dann nach zwei Tagen usw. Sie verdoppeln also fortlaufend die Zeitspanne, nach der Sie erneut wiederholen. Wenn Sie nach dieser Regel verfahren, dann arbeitet Ihr Gedächtnis mit einem hohen Grad an Wirtschaftlichkeit.

Sie sollten aber zusätzlich noch das Phänomen der Belohnung berücksichtigen. Wenn Sie irgend etwas lernen (assoziieren), dann halten Sie sich eine Belohnung vor Augen, die Sie verdient haben, wenn Sie diese oder jene Fakten erarbeitet haben. Behandeln Sie sich hier nicht anders als ein kleines Kind, das Sie mit Belohnungen zum Lernen motivieren möchten. Und da sind wir auch schon bei dem Stichwort Interesse angelangt. Sorgen Sie dafür, daß Sie Interesse an *der Sache* haben, die Sie erarbeiten müssen. Nun ist das leichter gesagt als getan, aber mit dem Vorschlag der Belohnung habe ich Ihnen bereits eine Möglichkeit gezeigt. Eine weitere Möglichkeit, mangelndes Interesse zwar nicht auszuschalten, aber zumindest stark zu kompensieren, liegt in einer ganz bestimmten Einteilungsregel. Angenommen Sie müssen die Fächer A, B und C erarbeiten. Für A haben Sie eine brauchbare Motivation, für B eine schlechte und für C eine außergewöhnlich schlechte. Die Reihenfolge, in der Sie sich diese drei Fächer vornehmen, ist am besten B, C, A. Wie Sie wissen, braucht jeder Mensch beim Lernen eine bestimmte Anlaufzeit, ist dann etwas später auf seinem Höhepunkt und fällt zum Schluß durch Ermüdung und auch durch daraus resultierende Unlust wieder stark ab. Für die Anlaufzeit nehmen Sie das Fach B, denn C macht es Ihnen zu schwer, in Fahrt zu kommen. Auf Ihrem Höhepunkt der Leistung (vielleicht nach 1 Stunde) greifen Sie auf C zurück. C macht Ihnen durch die sehr schlechte Motivation Schwierigkeiten und braucht daher Ihre volle Leistung. In der Ermüdungsphase greifen Sie auf A zurück, denn um Ihre schon spürbare Unlust und Ermüdung zu kompensieren, brauchen Sie wiederum eine starke Motivation.

Wenn Sie so arbeiten, ist Ihr Wirtschaftlichkeitsgrad sehr hoch. Wenn Sie dazu noch hingehen und sich Ihr tägliches Pensum in einer Zeittabelle fest vorschreiben, dann erhöhen Sie ebenfalls Ihre Leistung, denn ein Pensum, das vorher unmöglich schien, wird jetzt möglich, da es durch Ihre Zeittabelle überschaubar ist und Sie nicht in die Gefahr kommen, sich zu verzetteln, denn Sie arbeiten ja streng nach dieser Tabelle.

Ein letztes, was noch zu dem Abschnitt Psychologie anzumerken wäre, ist Ihre Phantasie. Je besser Ihre Phantasie ist, um so besser werden Sie schnell und zügig assoziieren können. Der Weg, den Sie beschreiben können, um Ihre Phantasie zu erhöhen, heißt *Kreativitätstraining*. Hierzu könnten Sie Kurse besuchen oder sich entsprechende Lektüre zulegen. Sie werden sicherlich genug darüber finden.

Beobachtungsgabe: Die Beobachtungsgabe ist so etwas wie ein automatisches Gedächtnis. Das erkennen Sie daran, daß es sehr schwer fällt *gezwungen* und *bewußt* zu beobachten. Entweder »man hat's oder man hat es nicht«. Und so scheint es auch kaum eine Möglichkeit zu geben, die Beobachtungsgabe zu schulen. Daß es aber doch eine ziemlich gute Möglichkeit gibt, möchte ich Ihnen an den folgenden Darstellungen aufzeigen.

1. Bewußtes Klischee: Sie erinnern sich noch an unsere kleine Geschichte mit der Straßenbahn, zu der ich anschließend *Fangfragen* stellte. Einige von Ihnen haben vielleicht vorausgeahnt, daß ich ganz bestimmte Fangfragen stellen würde und sich auf die Beantwortung

dieser Fragen schon eingestellt. Sie haben also somit *ganz bewußt das beobachtet*, von dem Sie annahmen, daß ich mit meinen Fragen darauf Wert legen würde. Es handelt sich hier um ein *bewußtes Klischee*.

2. Unbewußtes Klischee: Ein Ehepaar geht spazieren, links und rechts sind eine Reihe Geschäfte. Der Blick der Frau geht zu den Dingen, die man zum Beispiel in einer Boutique findet oder richtet sich auf Schmuck; der Blick des Mannes fällt auf die neuesten Autos oder technischen Geräte. Die Frau entdeckt Dinge in »Ihren« Geschäften, die dem Manne nie aufgefallen wären, umgekehrt beobachtet der Mann Gegenstände in »seinen« Geschäften, die der Frau nie aufgefallen wären. Beide haben also unterschiedliche Klischees, und zwar solche, die *unbewußter Natur* sind, denn keiner der beiden beobachtete bewußt.

3. Trainiertes Klischee: Der Autofahrer beobachtet ziemlich routinemäßig Ampeln, Verkehr, Schilder, Kinder usw., was der Beifahrer, der noch keinen Führerschein besitzt, nicht in dem Maße tut. Warum aber beobachtet der Autofahrer den Verkehr im Gegensatz zu dem Beifahrer so überdurchschnittlich gut? Deshalb, weil er darauf trainiert ist, er besitzt ein *trainiertes Klischee*.

Die Punkte 1 und 2 werden uns wenig helfen, die Beobachtungsgabe zu entwickeln, wohl aber der Punkt 3. Die entsprechenden Übungen dazu müßten folgendermaßen aussehen: Auf Ihrem Weg zur Arbeit bleiben Sie zum Beispiel an einem Geschäft stehen. Sie schauen sich alle Dinge, die dort zu finden sind, wenige Minuten lang an. Später, vielleicht auf Ihrer Arbeitsstelle, schreiben Sie alles nieder, was Sie meinten, beobachtet zu haben. Am nächsten Tag vergleichen Sie Ihre Liste wieder mit demselben Schaufenster und stellen fest, was Sie übersehen haben. Zu Hause vervollständigen Sie aus Ihrem Gedächtnis heraus Ihre Liste weiter und vergleichen sie erneut am nächsten Tag mit Ihrem Schaufenster. Das führen Sie solange fort, bis Ihre Liste tatsächlich vollständig ist. Danach beginnen Sie mit einem anderen Schaufenster wieder von vorn. Auf diese Art und Weise entwickeln Sie Ihren Blick für Dinge, die Sie früher niemals beobachtet hätten. Sie entwickeln also wie der Autofahrer ein *trainiertes Klischee,* nämlich Ihre *Beobachtungsgabe* Stück für Stück.

Die Lerntheorie: Unter dem Abschnitt Lerntheorie möchte ich Ihnen nur noch kurz und knapp die verschiedenen Theorien und Versuche in bezug auf das Lernen schildern. Als erstes soll der Begriff »Lernen als bedingter Reflex« geklärt werden.
Pawlow, der russische Physiologe (1849–1936), machte seinerzeit einen interessanten Versuch mit einem Hund. Während der Hund sein Futter bekam, läutete jedesmal eine Glocke. Das wurde sehr oft wiederholt und jedesmal beim Anblick des Futters war in der Schnauze des Hundes ein Speichelfluß festzustellen. Später läutete *Pawlow* nur noch die Glocke, ohne daß das Futter gereicht wurde, und wieder trat der Speichelfluß stark auf.
Hier ist also im Gedächtnis des Hundes die Glocke mit dem Speichelfluß *assoziiert* worden, der Hund *reagierte* auf einen *Stimulus.* Bezeichnet wurde das Ganze als *Lernen als bedingter Reflex.*
Lernen durch Versuch, Irrtum und Erfolg: Die Versuche zu dieser Lernart gehen auf den amerikanischen Psychologen *Thorndike* (1874–1949) zurück. Er steckte eine Katze in einen Käfig und stellte außerhalb des Käfigs Futter hin. Die Katze versuchte nun, den Käfig zu verlassen, was ihr allerdings nicht so leicht gemacht worden war. Es erfolgte nun zunächst einmal eine Reihe von Versuchen, den Käfig zu verlassen (Versuchsphase). Viele Versuche schlugen fehl (Irrtumsphase),

einer schließlich führte zum Erfolg. Von da an wußte die Katze, wie sie den Käfig verlassen konnte. Sie wußte es um so besser, je schmackhafter das Futter war, je größer also die anschließende Befriedigung und der damit verknüpfte Erfolg war *(Effektgesetz)*, und es prägte sich ebenfalls um so besser in das Gedächtnis der Katze ein, um so häufiger dieses Experiment wiederholt wurde *(Frequenzgesetz)*.

Damit waren die zwei Lernmöglichkeiten aufgezeigt, die beim Tier fast ausschließlich und beim Menschen nur unter anderem vorkommen. Der deutsche Psychologe *Köhler* führte nämlich noch das *Lernen durch Einsicht* an. Sein Versuch dazu sah folgendermaßen aus: Ein Affe befand sich in einem Käfig, außerhalb des Käfigs lag ein für den Affen schmackhaftes Futter. Es gab jedoch keine Möglichkeit für den Affen, den Käfig zu verlassen. Da er es erst einmal versuchte, durchlief er wieder die Phase Versuch, Irrtum aber kein Erfolg. Plötzlich bemerkte er einige Stöcke in seinem Käfig, er nahm sie auf und nach einem kurzen Innehalten angelte er mit einem Stock das Futter in den Käfig hinein.

Hier hat also offensichtlich eine Einsicht stattgefunden, daß es möglich sei, mit Hilfe eines Stockes die eigene Reichweite zu verlängern. Köhler leitete daraus noch folgende Regeln ab: Erstens, so sagte er, muß die ganze Situation überschaubar sein. Wenn eine Sache (auch für den denkenden Menschen) nicht überschaubar ist, kann keine Einsicht stattfinden. Zweitens muß eine gewisse Erfahrung vorangegangen sein, in diesem Falle mit dem Hilfsmittel Stock. Der Affe in dem Käfig muß schon einmal irgendwelche Erfahrungen in irgendeiner Weise mit den Stöcken gehabt haben, um zu seinem Ergebnis zu gelangen. Genauso muß der Mensch mit bestimmten Gegenständen irgendwelche Erfahrungen gemacht haben, um sie in einer neuen Situation *durch Einsicht* richtig einzusetzen.

Damit wären also die drei Arten des Lernens nach der Lerntheorie kurz umrissen. Diese drei Arten treffen natürlich ganz und gar für den Menschen zu, aber in *unterschiedlicher Intensität* während seiner Entwicklung, denn der Mensch strebt durch seine geistige Weiterentwicklung auf das *Lernen durch Einsicht* hin und von den ersten beiden Arten fort.

Ein letztes Wort: Ich hoffe, lieber Leser, daß Sie tatsächlich das von diesem Buch profitiert haben, was Sie von ihm erwarteten. Vielleicht lesen Sie sich ab und zu ruhig noch einmal einige Abschnitte oder Kapitel durch, wenn Sie mit irgendeiner Sache, die Ihr Gedächtnis angeht, nicht zurechtkommen. Sollte es Situationen geben, die in diesem Buch nicht erwähnt bzw. erklärt worden sind, dann sind Sie selbst aber auf jeden Fall in der Lage, durch Nachdenken die Assoziationstechnik entsprechend zu variieren, um sie auch für Ihren Fall anzuwenden.
Ich möchte Ihnen an dieser Stelle noch viel Erfolg mit dieser Methode wünschen und hoffe, daß Sie von nun an mit Ihrem Gedächtnis und Ihrer Konzentration vollauf zufrieden sind.

Inhaltsübersicht

Quellen:

Ich möchte all den Autoren danken, aus deren Erfahrungen ich wertvolle Hinweise erhalten habe. Die Bücher, aus denen solche Hinweise und Erfahrungen stammen, habe ich im folgenden kurz aufgeführt.

Harry Lorane	*»Supergedächtnis«*
Ernst Ott	*»Optimales Lesen«*
Joachim Sikora	*»Die neuen Lern-Techniken«*
Siegfried Brockert	*»Konzentriert lernen –*
	konzentriert arbeiten«